二战风云
震撼博览

史诗巨著
全彩呈现

保卫之战

第二次世界大战欧洲战事

胡元斌 严 锴 主编

台海出版社

前言 PREFACE

1937年7月7日，驻华日军在卢沟桥悍然向中国守军开炮射击，炮轰宛平城，制造了震惊中外的"七七事变"，中国的抗日战争全面爆发。1939年9月1日，德国入侵波兰，第二次世界大战正式开始。1945年9月2日，日本签署投降书，第二次世界大战宣告结束。

这是人类社会有史以来规模最大、伤亡最惨重、造成破坏最大的全球性战争，也是关系人类命运的大决战。这场由德、意、日法西斯国家的纳粹分子发动的战争席卷全球，世界当时人口总数的80%的20亿人口受到波及。这次世界大战把全人类分成了两方，由美国、苏联、中国、英国、法国等国组成的反法西斯同盟国与由德国、日本、意大利等国组成的法西斯轴心国，进行对垒决战。全世界的人民被拖进了战争的深渊，迄今为止这是人类文明史上绝无仅有的浩劫和灾难。

在这场大战中，交战双方投入的兵力和武器之多、战场波及范围之广、作战样式之新、造成的损失之大、产生的影响之深远都是前所未有的，创造了许多个历史之最。

第二次世界大战的胜利具有伟大的历史意义。我们历史地、辩证地看

待这段人类惨痛历史，可以说，第二次世界大战的爆发给人类造成了巨大灾难，使人类文明惨遭浩劫，但同时，第二次世界大战的胜利，也开创了人类历史的新纪元，给战后世界带来了广泛而深远的影响。促进了世界进入力量制衡的相对和平时期；促进了一些殖民地国家的民族解放；促进了许多社会主义国家的诞生；促进了资本主义国家的经济、政治和社会改革；促进了世界科学技术的进步；促进了军事科技和理论的进步；促进了人类认识史上的一场伟大革命；促进了世界人民对和平的深刻认识。

第二次世界大战的胜利也是世界人民反法西斯战争的胜利，成为20世纪人类历史的一个重大转折，它结束了一个战争和动荡的旧时期，迎来了一个和平与发展的新阶段。我们回首历史，不应忘记战争给我们带来的破坏和灾难，以及世界各个国家和人民为胜利所付出的沉重代价。我们应当认真吸取这次大战的历史经验教训，为防止新的世界大战发生，维护世界持久和平，不断推动人类社会进步而英勇奋斗。

这就是我们编撰《第二次世界大战纵横录》的初衷。该书综合国内外的最新研究成果和最新解密资料，在有关部门和专家的指导下，以第二次世界大战的历史进程为线索，贯穿了第二次世界大战的主要历史时期、主要战场战役和主要军政人物，全景式展现了第二次世界大战的恢宏画卷。

该书主要包括战史、战场、战役、战将和战事等内容，时空纵横，气势磅礴，史事详尽，图文并茂，具有较强的历史性、资料性、权威性和真实性，非常有阅读和收藏价值。

保卫之战

目录 CONTENTS

保卫之战

第二次世界大战 欧洲战事

德军攻陷东南欧

东南欧地处欧洲和亚、非两洲的交汇处，滨黑海、爱琴海和亚得里亚海，历史上曾为三洲经济和文化的交融要地，极富战略意义。20世纪初，有希腊、塞尔维亚、波斯尼亚、保加利亚、罗马尼亚、阿尔巴尼亚等新型国家。德国在取得侵占法、比、荷的胜利后，又将魔爪伸向了东南欧，并迅速出动军队占领了这一地区。

希特勒策划 "水星" 计划

1940年4月至6月，德国在法、比、荷的胜利，不仅将英国的势力逐出了西欧，同时也大大地削弱了英国在东南欧的影响。东南欧诸国在现代军备方面都很落后，因此竭力避免与这个欧洲大陆的头号军事强国发生冲突。

匈牙利、保加利亚、罗马尼亚等国家间的紧张关系，因德意两国于1940年8月30日在维也纳强行裁决而趋于缓和。这个裁决使罗马尼亚损失最大。尽管如此，它却寻求和德国建立更加亲密的关系。这是因为它清楚地认识到由于英国在欧洲大陆的势力已不复存在，德国便成了能保卫它的剩余领土和对付苏俄威胁的唯一强国。

希特勒准备在一定程度上满足罗马尼亚的愿望，因为希特勒对普洛耶什蒂油田感兴趣，德国继续作战的能力在很大程度上就是要依赖它。

10月，汉森将军率领的德国军事代表团和斯派达尔将军率领的德国空军代表团抵达罗马尼亚。德国也急于探究罗马尼亚有无参加对苏作战的可能性。对苏作战已在德国的谋划之中。

正值德国在东欧进行活动之际，西欧的对英作战仍在激烈地进行，尽管那里令人沮丧的局势已使"海狮"计划推迟执行。

东南欧在经济上的重要性与德国自己的军事计划，使德国对保障东南欧的和平安全十分关切。意大利对此应该心有灵犀。尤其是它于9月13日开始进入埃及以来，现已在西迪巴腊尼陷入困境时更应如此。可是，墨索里尼非但不在地中海全力以赴对付已无力发动有取胜希望的进攻的英国人，反而转向希腊，并在10月28日入侵希腊。

墨索里尼之所以如此，一是因德国在罗马尼亚所采取的措施激怒了他；二是受其外交部长齐亚诺的怂恿，墨索里尼预计入侵希腊会迅速取胜。

当时德国对意大利的行径大为震惊，极不愉快。对轴心国各自为政的战争努力早有许多批评，现在再去进行事后批评，实在是多费笔墨。但是有一条似乎可以肯定：即使全然不考虑希特勒和墨索里尼的个性与政治上的原因，仅就军事上的原因来说，当时也不可能将作战的重心移向地中海，成

战争狂人希特勒

功地转移作战重心的一切必要条件均不具备。

然而必须指出，有人一再劝说希特勒这样做，尤其是海军和陆军的顾问们更是如此，尽管德国海军在地中海的实力比其他任何地区都弱。

11月12日，即莫洛托夫访问柏林的当天，希特勒签署了元首第十八号指令。指令明显地反映出盛行于1940年秋季那种对形势捉摸不定的看法。这是在德国空军对英作战失败，推迟执行"海狮"作战计划，以及巴尔干又出人意外地爆发了一场战争之后。

在这项指令中，希特勒认真考虑了对其主要敌人英国发动战争的每一种可能性，并分析了当时的整个欧洲局势：德法关系，说服法国参加对英作战的可能性，西班牙与葡萄牙对执行"菲利克斯"作战计划的态度以及德国对意大利向埃及发动进攻所给予的援助。指令还注意到东南欧与东欧的形势。

希特勒预见到意大利和希腊冬季作战将会遇到重重困难，并意识到这将

给英国在大陆上重新获得立足点提供机会。于是，他指示陆军总司令布劳希奇作好准备，"如有必要，便从保加利亚向希腊进攻，占领其爱琴海以北的领土。这样，便可为德国空军提供有效的作战基地，特别是可以对付威胁罗马尼亚油田的那些英国空军基地"。

鉴于希特勒还认识到土耳其的地位十分重要，"上述决定与其军事行动都是以使用约达10个师的兵力为前提的"。

为了加速完成必要的部署，驻罗马尼亚的军事机构将尽快地得到加强。戈林也奉命加强驻罗马尼亚的空军机构，准备在巴尔干东南部部署德国空军部队，还将在保加利亚的南部边境建立一个空军情报站。

影响到整个巴尔干作战尤其是克里特岛之战的苏联问题，是个大问题。指令在提及苏联这个问题时指出：

> 为了搞清苏联近期的态度，已经开始和苏联进行政治协商。无论这些协商的结果如何，有关东线作战准备的一切口头指示依然有效。同时，作战准备仍要继续进行。

至11月中旬，意军在阿尔巴尼亚已被迫采取守势，而且很难守住阵地。德国的首次援助是提供了一支空运大队。但情况已很明显，还必须提供更多的援助。

12月13日，希特勒签署了元首第二十号指令。在指令中，他说明了德国准备进攻希腊，代号"马丽塔"作战计划的作战要点。

这项指令一开始便指出：

> 阿尔巴尼亚日趋危险的局势使我们感到采取这一措施加倍重要，即应当阻止英国以巴尔干战线为掩护在那里建立空军基地。因为这些基地一旦建成就会威胁意大利，威胁罗马尼亚油田。

德国进攻的首要目标是爱琴海沿岸地区和萨洛尼卡盆地。然而，也可能有必要经由拉里萨与科林思地峡发动进攻，进而占领整个希腊。

德国空军的具体任务是"尽可能使用伞降和机降着陆夺取在希腊沿海诸岛上的英军基地"。

在进攻的目的全部达到之后，参战部队将撤退，"另有他用"。这一耐人寻味的措辞表明，这些作战行动与计划中的对苏作战具有直接联系。事实上，5天后，即12月18日，希特勒签署了元首第二十一号指令——"巴巴罗萨"对苏作战计划。

考虑到气候有利，原来计划于1941年3月进攻希腊。进攻发起时间之所以推迟了，是由于德国正在与保加利亚进行外交谈判，而要到达希腊必须假道保加利亚；也是由于南斯拉夫在3月26日至27日发生了政治动乱；最后是因为德军到4月6日才能开动，而且时间紧迫只能匆忙部署，要做好这些工作，时间又不够。

对苏作战即将开始，而且作战计划已经坚定不移地执行。但是，即便如此，还是不得不改变1941年5月15日进攻苏联的原定日期。新的进攻日期定在4周之后。

直至3月末，以空降作战夺取希腊沿海诸岛的建议才进而变成占领利姆诺斯岛的实际措施。攻占基克拉季斯群岛只能在占领雅典周围地区之后。因为那里的地形对实施进攻非常不利。

1941年3月26日，作为准备的一项内容，德国空军命令聚斯曼特遣队与第七空军师的师部一同开往保加利亚。由聚斯曼中将指挥的特遣队包括第二加强伞兵团以及炮兵、高射炮兵、工兵和通信部队。这两支部队在保加利亚的任务是在第八空军的指挥下负责执行空降作战。但是，驻保德国空军还需要支援越过希保边境向希腊军队与英国远征军发动强大的进攻的作战行动，这意味着它将无力实施伞降与空降登陆作战，这一行动只好推迟实施。

战争的进展使德国伞兵部队不必再去夺取利姆诺斯岛，但在4月26日，第二伞兵团却携带重装备在科林思地峡空投成功。科林思运河桥梁上的炸药被

英军的一颗炮弹引爆而炸毁。但德军很快又架起了一座桥。

德国伞兵们俘获了约900名英军和1450名希军,其中军官21名。德军仅死亡63人,伤158人,失踪16人。

这次军事行动打开了伯罗奔尼撒半岛的大门,加速了克里特岛之战的进程,并保卫了康斯坦萨—博斯普鲁斯—科林思这条轴心国重要的海上通道,此外便是引人注目地使用了伞兵部队。

这次使用伞兵的经验加上先前在荷兰、比利时的经验,也就明确了德军在今后如何使用伞兵的具体方法。

在同希腊作战进行之际,德第十一空军司令施图登特曾于4月20日亲自向戈林作过报告。还可以肯定的是,就在第二天,进而呈报希特勒后,"水星"作战计划终于决定,即从空中夺取克里特岛。

德军最高统帅部作战局一份研究报告表明这样一种观点,即在战争的现阶段,鉴于马耳他岛位于地中海中央,应在夺取克里特岛之前首先夺取马耳他岛。但那时对苏作战即将开始,希特勒的战略重点日益东移,因此他的注意力更多地集中在巴尔干地区、东地中海、埃及和中东。希特勒在指令中相当明确地指出,夺取克里特岛的目的是要把该岛作为对付东地中海英军的空军基地。

尽管第二十八号指令中没有明显地涉及夺取克里特岛的战略企图,但可以推测出,在4月21日那次重要的会议上,施图登特将军向希特勒阐明的意见,与他在成功地夺取克里特岛之后作战报告中所强调的想法相同。

他写道:

我军必须占领克里特岛,因为夺取它是将英军逐出大陆后保卫轴心国的康斯坦萨—科林思—意大利这条至关重要的海上通道的唯一手段,也是为了保证希特勒得到罗马尼亚的石油供应的唯一可行手段。

克里特岛在德国人手中将有如下作用：

实际上等于把英国舰队驱逐出爱琴海；标志着英国在东地中海的地位受到很大的削弱；为德国空军攻击埃及，尤其是苏伊士运河，提供了一个有利的基地。

希特勒在命令中规定应于5月15日进攻克里特岛，由戈林负责指挥。空降登陆军担任主攻，由已进驻地中海地区空军基地的德国空军部队和在西线已负盛名的第二十二师实施支援。

不过，第二十二师还驻在布加勒斯特地区，而且由于所有可用的运输机急需为实施进攻苏联的"巴巴罗萨"计划做准备，因此赶不上参战。数日后，由林格尔将军指挥的第五加强山地师代替第二十二师进入希腊。

在整个"水星"作战计划的实施过程中，希特勒对拟定的对苏作战有种焦虑不安和迫不及待的心情。他毫不掩饰地催促加速作战准备。他要求所有参战部队不要希望在现有兵力以外再增加部队，作战部队的空运行动绝不能耽误"巴巴罗萨"作战部署，空降登陆军完成任务之后应立即撤出，另有他用。

由此可见，德军从一开始就面临着时间紧迫的问题，而且在整个作战过程中一直如此。这使德军不得不频繁地变更部署，因此造成了不堪设想的严重后果。

其原因是对于伞降与机降作战来说，精确地选择时间是成功的关键。然而，巴尔干之战大败英军的胜利使德国战争决策者兴奋至极，他们信心十足地认为这次作战已胜利在望。

德军错误估计
盟军实力

　　"水星"作战是首次以德国空军为主，国防军三军相互配合的作战。这次作战的任务交给了勒尔将军指挥的第四航空队，其编成内有冯·里希特霍芬将军指挥的第八空军和施图登特将军指挥的第十一空军。海军支援的作战任务交给了东南舰队司令舒斯特尔海军上将。

　　由里希特霍芬将军指挥的第八空军在攻占希腊本土的作战中作用显赫，因此他对这次行动的总情况已了如指掌。由施图登特将军指挥的第十一空军编成内的大部分部队不得不从德国的驻地和训练营地内抽调。

　　在调动过程中，德军遇到了很大的困难，主要是技术方面的，例如在巴尔干非常缺乏交通线，而"巴巴罗萨"作战的运输量又很大等。

　　但是尽管如此，至1941年5月14日，第十一空军还是成功地在雅典附近集中完毕，并做好了战斗准备。德军还调集了10个容克-52飞行联队，共500余架飞机，准备运送伞降与机降部队。

　　但是，空军地面部队却未做好准备，其数量也不足以完成任务。由于少数可以使用的机场必须分给第八空军的轰炸机、俯冲轰炸机和战斗机使用，所以留给第十一空军使用的机场是在科林思、梅加拉、塔纳格拉、托波利亚、达迪翁、埃莱夫西斯和法利龙。

　　在这些简陋的机场上过多地集中飞机对实施进攻克里特岛的作战妨碍极大。飞机所掀起的大量尘埃几乎使机队无法在规定的时间间隔内起飞。第十一空军使用了地面消防设备，试图消除尘埃，但作用不大。

　　所有的补给物资必须运往比雷埃夫斯港与科林思港。在装载这些物资时

所有可直接利用的船舱都利用了。补给船受到水雷与盟军潜艇的袭扰，一直拖至5月17日后才赶到。

因为码头与港口设施受到严重破坏，又没有合适的劳动力，在卸载这些补给物资时发生了拖延现象。此后，在转运物资时又有耽搁。

在5月17日至5月20日期间必须为第十一空军提供79.2万加仑的油料。但目前的油料仅够10个容克-52飞行联队实施3次战斗飞行之用。与此同时还必须给第八空军的部队提供油料。

补给舰船迟迟不到，为机场运送油料又遇到许多困难，这就必须推迟作战的发起日期，开始推迟至5月18日，后来又推迟到5月20日。另外，通信系统也远不能令人满意。但是，把有关的作战参谋机构集中在雅典及其周围是有利的，这样可使大量的不可避免的矛盾得以迅速解决，促使空军总司令迅

在坦克掩护下冲锋的士兵

速作出决策。

德第八空军的部队改编和准备完毕后，便执行了各种重要的战前任务，诸如为补给舰只提供空中掩护，对付盟军潜艇与水面舰只的袭扰，侦察整个作战海域，攻击在克里特岛周围航行的盟军运输与战斗舰只和该岛港湾内的舰船，以及突击盟国空军地面部队和防空阵地等。

这些战斗行动给盟军造成了伤亡、破坏，使德军夺取了该岛的制空权，这是后来德军空降作战成功的一个重要条件。

作为进攻克里特岛这场总体战的一部分，德国空军在克里特岛周围的许多岛屿上修筑了工事：把基西拉岛与安蒂基西拉岛修建成防空阵地；把梅洛斯岛修建成补给中心和海空救援站；把斯卡潘托岛修建成战斗机与俯冲轰炸机基地。各作战参谋部只得依赖德国情报部与空中侦察所提供的情报来了解盟军的兵力与阵地情况。

凡是德军能从海空运送部队登陆的地点，盟军都用巧妙的技术和大量的物资器材有计划地进行了设防。在许多重要机场的周围和北部沿岸修筑了许多易守难攻的坚固支撑点。

盟军充分了解德国伞兵部队的战术，在入侵部队可能用来空降的所有内陆地区都作了认真的设防。这些地区大多是低洼的平地，为此盟军占领了周围的制高点，构筑了坚固的防御工事。

为了把整个地区都置于自己的火力之下，并尽量使德军损失惨重，盟军在那些被视为适于机降和伞降登陆的橄榄树林内埋伏了狙击手，对所有防御性坚固的支撑点进行了十分巧妙的伪装，使德军即便借助于详尽的空中照相和冒险的低空飞行也难以辨别。

尽管德军费尽心机，并且蛮有把握地认为发现盟军的一些防空阵地，但后来才弄清楚那些被发现了的阵地都是用木头"炮"设置的假阵地，而真阵地却设在别处，伪装得十分成功。

德军参谋总部经常出现对盟军实力错误估计以及对盟军阵地的设置位置错误判断的情况，比如他们认为：希腊人"将不愿再继续作战"；英国兵已

"士气沮丧"，一旦遭到德军攻击也"不会认真抵抗"。

德军这种对盟军战斗力的错误估计给整个作战的进程造成了威胁，结果是使第十一空军遭受了极其严重的损失。

鉴于盟国情报部门的工作卓有成效，加之德国伞兵部队已经在科林思作战，德军试图达成战略上突然性的希望已成泡影。不仅如此，连发动一场进攻性的战术突袭，无论从兵力和时间上来说都是不可能的。

由于英国在希腊的间谍活动活跃又富有成效，它对德国伞兵部队与运输机联队在雅典附近集结、装船和运输的情况了如指掌，结果，以亚历山大港为基地的英国海军部队从5月15日开始便在克里特岛附近的海面上巡弋。

至5月17日，驻克里特岛的英军进入高度戒备状态，准备对付德军的进攻，他们预计德军将在翌日凌晨发起进攻。

在发起进攻之日的凌晨，德国第八空军将实施预备性作战，摧毁仍留在岛上的英国空军部队及其地面防御设施。它还负责掩护第十一空军头两波攻击部队的接近和着陆，并对尔后作战实施支援。最后第八空军还要负责掩护参加作战的舰只，消灭克里特岛附近的盟军海军部队。

德东南舰队司令官将派出扫雷艇与机帆船，这样第一分舰队就可在进攻的第一天晚上在马利姆以西上岸，而第二分舰队可在第二天晚上在伊腊克林以东上岸，运货的轮船则准备在接到苏达湾的水雷已被排除和盟军已被肃清的报告之后立即扬帆起航。这项拟订得极其详尽的进攻计划为快速攻占克里特岛提供了胜利的希望。

英军前沿阵地
马利姆失守

　　1941年5月17日凌晨5点半至6点，德国第八空军向马利姆和伊腊克林的机场，以及这些机场周围地区和干尼亚城的防空设施发动了预备性进攻。

　　接着，即在空降着陆开始之前，第八空军于7时再次发起了攻击，目的是牵制着陆地区的守军。尽管守军做了非常周密的准备，但参加战斗的总数为493架的德国容克-52式飞机只损失了7架。

　　第十一空军发动的第一攻击波是根据作战计划中规定的空降作战时间实施的。但由于英军防空火力猛烈以及飞行员迷航等多种原因，派出的飞机并不是每次都能到达选定的着陆场。

　　负责夺取马利姆的西部大队和负责夺取苏达村与干尼亚的中部大队以滑翔机各运了半个营进行机降着陆。这个营的3个连就在守军防空阵地周围着陆，以便摧毁这些阵地。有两次成功地实施了这项计划，随后参加第一攻击波的伞降部队也纷纷而至。

　　德伞降部队遇到了守军步兵部队的猛烈抵抗，而战前的空中侦察并没有发现这些部队。在马利姆机场以南的斜坡上的抵抗尤为顽强，守军在那里构筑了台阶式的防御阵地，火力十分密集，有些伞兵在空中就被击毙，有的刚一着陆便被击毙，许多人虽然着陆时未被打死，却也无法得到他们的兵器囊。

　　德国突击团的一个营降落得太偏东，中部大队向阿克罗蒂里高地与加拉塔斯村发动的进攻遭到了彻底的失败。

　　西部大队与中部大队的战斗一打响便失去了它们的指挥官，这使局势变得复杂了。指挥中部大队的聚斯曼中将在作战刚开始便因滑翔机在埃吉纳岛

坠毁而毙命，西部大队司令官迈因德尔少将在着陆前不久受重伤。

直至下午，德军作战室才了解到这些情况。这是因为当运输机安全返回基地和收到第八空军的报告时给人的印象是"第一波已按计划着陆成功"。当时驻雅典的空降军司令部丝毫没有得到伞降部队的消息。

临近中午，中部大队发来了一份电报，电文报告说，向干尼亚发动的进攻因损失惨重而受阻。西部大队也报告，激烈的战斗仍在进行，指挥官已负伤。由于最初抱有的乐观态度，所以第二波仍按计划出发，结果酿成了更大的失误，遭受到更大的挫折。

9时至10时，运输机返回希腊的基地。但事实证明在13时之前，不可能让容克-52做好飞第二架次的准备。

每个容克-52飞行联队起飞时间耽搁达3个半小时之久，其原因是：一是加油困难；二是必须先把坠毁的飞机从跑道上清除掉；三是起降过多飞机的机场尘埃密布，即使使用消防器材也无济于事。结果各运输机中队都未按战斗序列起飞，也没有同时到达目的地，只是在15时至18时之间才陆续到达。

第十一空军的战斗报告说明了如下情况：各个机场之间的电话通信常被切断，因此指挥官们不可能就拖延进攻时间问题进行磋商，也不可能重新安排共同发起进攻的时间。

负责指挥德第二特种任务轰炸机大队的军官报告，在第一波着陆不久，他便意识到出现情况。但由于未能与他的直接上司（隶属于第十一空军的地区作战指挥官）取得联系，于是他便直接向军司令部通话，要求推迟第二波发起进攻的时间。

可是无法确定是否作出了决定，即便作出了，也没有传达到实施第二波进攻的运输机大队。同样的原因，也未同第八空军做出进一步安排。

轰炸机编队按原计划在15时飞临雷西姆农与伊腊克林目标的上空，企图摧毁英军的高炮阵地，或至少要压制住英军的火力。紧接着，单引擎与双引擎战斗机飞来掩护伞降部队跳伞，压制英军的防御火力。

由于这些飞机的航程短，在16时15分之后便不能再停留，大部分部队是

013

在没有战斗机掩护的情况下实施伞降的。

中部大队现由施图尔姆上校指挥。其任务是占领雷西姆农飞机场，尔后向苏达湾推进。东部大队由布罗伊尔上校指挥，任务是占领伊腊克林城及其机场，并扼守该机场，保证后续部队空降着陆。

这两个大队都遭受了严重损失。原因同第一波一样，它们都降落在防守坚固、伪装巧妙的守军防御阵地的中心。另外，由于运输机是毫无组织地到达的，这使英军更易于完成其抵抗任务。

一些无经验的运输机机组人员犯了错误，把伞兵降落在错误的地点，造成了更大的混乱。由于许多伞兵都不能得到他们的补给囊，所以德军的物资损失也很大。

所有情况都使得中部大队未能占领雷西姆农机场。同时在英军密集的火

占领阵地的德军士兵（俄二战博物馆模拟场景）

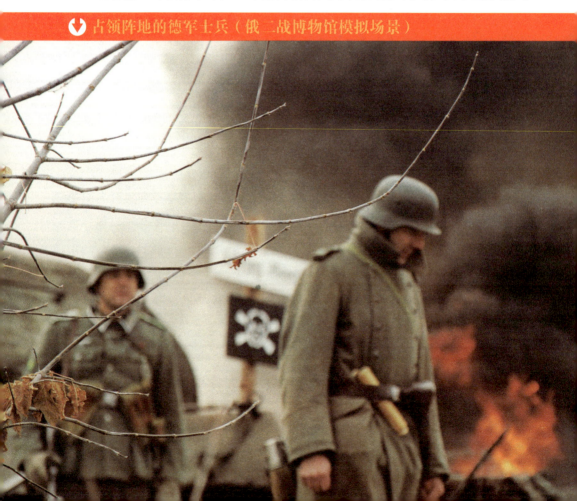

力下，向苏达湾推进的企图也没有实现。

由于运输机在运送第一波进攻部队不能及时赶来，当东部大队与英军接触时，其兵力比原计划少了600人。尤为糟糕的是，进攻的时间耽搁了，这给部队的进攻带来了更大的困难，以致最后东部大队未能夺取预定的目标。

在当时的情况下，布罗伊尔上校只能在夜暗的掩护下集结失散的人员并于翌日清晨向机场发动进攻。

5月20日夜，对作战情况的检查表明，在4个空投伞兵所在的地点，英军的防御比预想的要强得多。3个机场无一被攻占，克里特岛的局势十分危急。马利姆的情况似乎好一些。

傍晚，甚至有人错报：该机场尽管仍处于英军炮兵火力之下，但已被攻占。现在为了按计划使第五山地师进行空降着陆，十分有必要至少占领3个机场中的一个。

在目前的情况下，那只有夺取距德军在希腊的空军基地最近的马利姆机场。虽然它比伊腊克林机场小得多，但可为进攻部队的胜利提供最美好的前景。

马利姆机场南面的107高地是英军防御的要点。不过，开始德军并未从空中照片上看出它的重要性，因此只派了一个由科赫少校率领的加强连，搭乘滑翔机向107高地发起突击。结果伤亡惨重，突击被击退。

西部大队指挥官迈因德尔少将着陆后很快认识到英军防御阵地力量雄厚。该阵地从机场的西部边缘沿塔夫罗尼蒂斯河床通过107高地的西坡向南延伸。他立刻增加4个连的兵力向机场方向实施正面进攻，另外派出2个连从南面包围高地。

马利姆周围的阵地由新西兰第二十二营扼守，营长是安德鲁中校。在通信与信号系统均遭破坏后，他认为已不再能对其部队实施有效的指挥，于是便在强大的压力下趁着黑夜撤离阵地。这次"从马利姆的撤退"导致了整个克里特岛的失陷。

这一天，英军总司令弗赖伯格将军截获一份德军将把第三伞兵团投入战

015

斗的指令。这项指令提供的情况加上他对整个局势的看法，便使他对将来可能发生的事情比较清楚了。

深夜，他向韦维尔将军报告，如果海军能够阻止德军从海上发动的入侵，那么他自己的部队是有足够的力量，并且完全能够对付所有可能来自空中的进攻。

不过他也指出，德军猛烈的空中突击，使他的通信与信号系统的效能已经降低。但他向上级报告时还不知道当时情况的严重程度，例如，他不知道新西兰第二十二营已从马利姆撤退，已在他防御最薄弱的地段大开了缺口。如果他知道这些情况，毫无疑问，他势必会竭力在夜暗的掩护下派援兵援救马利姆。

施图登特将军预期在5月20日至21日这个具有决定作用的夜间发动猛烈的进攻。当这一设想未成为现实时，突击团的那些疲惫不堪的残部在5月21日清晨却获得了一个喘息的机会。他决定集中全部力量进攻马利姆，从而使力量对比发生了有利于德军的变化。

他之所以能够作出这项决定，原因之一是，当时尽管团通信主任损失了他的大部分器材，但他与驻雅典的空降司令部成功地建立了无线电联系。

5月21日上午，一些携带武器、弹药的容克-52飞机在马利姆滩头降落遭受了一些损失，一架容克-52飞机在马利姆机场降落。

然而，由于机场的跑道仍处于英步兵与炮兵的密集火力之下，所以虽然为山地营着陆做好了一切准备，但是不得不再次推迟。

要增援西部大队并作出更大的努力使机场完全置于德军控制之下，唯一的途径是继续空投伞兵，德军这样做了。

大约在17时，德军占领了马利姆，并且牢固地控制了机场。这一战果是在第八空军的十分有效的支援下取得的。第八空军享有绝对的制空权，向英军的防空阵地和坚固支撑点实施了连续的攻击。

同时，从16时起，德军一个加强山地营的第一批空降组冒着英军不间断的炮火和机枪火力在机场着陆。许多容克-52飞机在着陆过程中被摧毁。但是

已可以继续着陆，扩张战果，并向前推进，于5月22日，与干尼亚和苏达湾附近的中部大队会师。

下一个目标是，扩大马利姆这一桥头堡，由此出击，将英军从苏达湾的海军据点中赶出去。在那里，英军的快速舰艇仍利用夜暗不断地运入补给物资。

5月21日，德军的运输机给中部大队运来了弹药，但占领加拉塔斯周围高地的企图却失败了。进攻部队遭受到很大的削弱，只能扼守已攻占的阵地，牵制英军的力量。

留在雷西姆农附近的德军击退了英军一次又一次的攻击。他们在弹药与其他补给物资的支援下守住了阵地。

在伊腊克林附近，东部大队被切成两段。西段的部队在第八空军的近距离支援下，试图突入伊腊克林。开始打得还不错，尔后却遭到英军的猛烈抵抗，进攻受挫，结果那些已经突入该城的部队只好撤出。

东段的部队由布罗伊尔上校指挥，企图占领机场，但未成功。部队没有重型武器，进攻毫无获胜的希望。由于它的失败，空降军不能按计划将第五山地师的部分部队机降到伊腊克林。

据第十一空军5月21日夜的报告，它已绕过伊腊克林这个重要地点，并受命巩固德军在马利姆的阵地以及向干尼亚发动进攻。第五山地师师长林格尔将军现已升任西部大队指挥官。翌日，该师的3个营在马利姆机场登陆。

英舰队与
德空军的对抗

　　进攻克里特岛的重要问题之一是迅速提供重型武器。完成这项任务的唯一理想途径是用机帆船与商船从海上运进武器。

　　德军企图执行这项任务并同时阻止英国海军把援兵送上克里特岛的军事行动，导致了第二次世界大战第一次"海空之战"。很明显，英国人在空中处于劣势，他们希望使用能够在东地中海投入作战的强大的海军部队来弥补这个不足。

　　英军认为，德国人将会发现单靠空军夺取克里特岛是不可能的，所以估计大量德军会试图从海上登陆。

　　德第八空军已经收到了如下指令：在作战的准备阶段要不断地监视克里特岛周围的海面，并袭击在这一海域中看到的所有运输舰。第八空军报告称，在执行这项指令中，至1941年5月20日止，已击沉或重创27艘英舰船。

　　两支由机帆船编成的船队根据计划从比雷埃夫斯与哈尔基斯驶出，由意大利的"狼号"与"人马座号"鱼雷艇护航，载有一支约2300人的山地部队和重装备，在进攻克里特岛的当日夜间，抵达了战斗出发地点——梅洛斯岛。

　　德第四航空队要求东南舰队司令竭尽全力保证第一支船队于5月21日夜幕降临前，在马利姆附近靠岸。德国当局还试图说服意大利舰队出海，以便把参加克里特岛作战的英国海军部队引开，但是被拒绝了。

　　5月20日至21日夜，英国海军部队绕越在其东侧的克里特岛，又穿过该岛西侧的基西拉海峡，搜索了克里特岛以北的海域，并沿该岛北部的海岸巡

戈。英国海军在搜索过程中，轰击了斯卡潘托机场，但未造成很大的破坏。

正在待命出击的攻击力量强大的德第八空军看到时机已到，于是在5月21日晨向正在撤离的英国海军舰队发起攻击，击沉"天后号"驱逐舰，重创"阿贾克斯号"巡洋舰。

当时仍在该岛以南进行战斗的第八空军于上午9时报告，克里特岛以北的海域已没有英国的海军部队。

接近中午，第一支由机帆船编成的船队继续从梅洛斯岛向马利姆行驶，可是下午被英国空军侦察机发现了。

夜间，遭到新抵达的英国海军部队的攻击，这支部队包括"狄多号""奥赖恩号"和"阿贾克斯号"巡洋舰以及4艘驱逐舰。多亏意大利"狼号"鱼雷艇的英勇奋战和船队的迅速四下疏散，只有10艘舰只被击沉。其余的船只则在伯罗奔尼撒半岛的南海岸避难。

如何将重型武器与援兵运入克里特岛的问题仍未解决。第二支船队在5月22日清晨又遭到英国第二支特混舰队的攻击而被立即召回。2艘船被击沉。由于意大利的"人马座号"鱼雷艇的救援与德国空军立即实施的多次攻击才使损失减少到如此小的程度。

为了支援正在发动进攻的英国海军舰队，坎宁安海军上将派出了第三支特混舰队，其编成内有"厌战号"与"勇士号"战列舰、"格洛斯特号"与"斐济号"巡洋舰以及7艘驱逐舰。

5月22日一整天，英国特混舰队与德国由第十空军的轰炸机和俯冲轰炸机支援的第八空军展开了连续的激战。

"格洛斯特号"与"斐济号"巡洋舰以及"快轮号"驱逐舰被击沉。"水中仙女号"巡洋舰、"厌战号"战列舰被重创。"卡莱尔号"防空巡洋舰与"勇士号"战列舰受创较轻。英国海军就是这样付出了高昂的代价才战胜德国运输船队。

翌日，即5月23日，得到加强的第八空军发动的攻击使英国在克里特岛以南海域又损失了2艘驱逐舰——"卡西米尔号"与"凯利号"。

德国空军首脑对于英国人是否会把这场在"狭窄的海域飞机对军舰"的作战的胜利让给他们仍无把握。但是，5月24日坎宁安海军上将坦率地向伦敦报告，他的部队迫于德国空军攻击的巨大压力，昼间已不能在爱琴海或克里特岛周围水域作战。

然而，伦敦对于德国人不可能从空中夺取克里特岛还相当有把握。

因此坎宁安在亚历山大港得到的答复是决不妥协，英国海军与空军必须不顾一切阻止德国人将更多的援兵送入克里特岛。

根据这项指示，英国海军舰队必须在昼间实施消灭该岛以北的德国运输船队的作战，并准备蒙受巨大的损失。但是，尽管英国当局发布了这些指示，却不可能把更多的战舰从西地中海调往克里特岛。

因为驻守在直布罗陀的 H 舰队、本土舰队的全部舰只以及其他所有可以使用的舰只都被动员用于猎捕在大西洋中的德国"俾斯麦号"战列舰了。

尽管如此，5月24日至25日，英军夜间增援克里特岛北部沿海的活动仍在继续进行。5月26日，"可畏号"航母也出现在那里，并以12架舰载飞机袭击了斯卡潘托岛上的机场。当天下午，它遭到德国轰炸机的猛烈轰炸，有两处直接中弹，与此同时"努比亚人号"驱逐舰被炸掉了船尾。次日，隶属另一支特混舰队的"巴勒姆号"战列舰在卡索斯岛东南水域因遭到攻击而受创。

所有这些作战行动都十分清楚地表明，在占优势的德国空军飞机的航程内，一个舰队如果没有充分的空中掩护是不能实施海上作战的。否则就要付出十分高昂的代价。

从航母上起飞的飞机 ▼

德空降部队
攻克克里特岛

英国决定不惜任何代价保卫克里特岛，所以此时来自埃及的英国空军飞机再次出现在该岛的上空，重点攻击了马利姆机场。

携带副油箱的"飓风式"战斗机在伊腊克林机场降落。但是这些努力成效甚微，主要原因是在同日夜间，德国人早已把战斗机转移到马利姆机场去了。

1941年5月22日夜，林格尔将军接管了马利姆地区的指挥权，他重新组织部队，并开始对该岛的西部进行扫荡，以防止来自西部和南部对其基地的威胁。

5月25日，卡斯特利陷落。

在向克里特岛东部的干尼亚与苏达湾开进时，林格尔把部队分为两个大队，一个由山地部队组成，任务是向南成扇形展开，在坎坷不平的山地上前进，另一个由伞兵部队组成，任务是沿海岸向前推进。

山地部队5月23日晚与干尼亚以西的中部大队会合。德军首次以在右翼实施的一次大规模合围机动战胜了守军。

在5月24日后的数天里，德军有秩序地调来更多的援兵编进林格尔将军指挥的大队里，使他得以实现自己的作战意图。他能得到多大程度的增援取决于现有的运输机的数量和岛上其他参战大队所需的补给物资的数量。

要减轻空运大队的过重负担以及输入坦克等重型武器的唯一途径仍然是海上运输，这就要求昼间有强大的空中护航机队的掩护，而且对所涉及的整个海域进行彻底的侦察。

德军海上运输的首次成功，是在加强了对梅洛斯岛和基西拉岛的对空防御之后才取得的。

5月28日，一艘拖轮把载有4辆坦克的两艘驳船拖入马利姆。

总的来说，英国海军在克里特岛之战的关键日子里确实起到了阻止德国人从海上将其援兵与补给物资输入克里特岛的作用。

夜间，英国海军完全控制着克里特岛周围的海域。如果德国空军没有在昼间对所有舰只的活动保持严密的监视并一发现情况就迅速做出反应，那么穿越山地前进的林格尔将军的部队就可能使英国人有机会把意义重大的援兵输入苏达湾。

当时的情况是，只有航速最快的英军舰才能在夜间到苏达湾作一次往返航行，而且这些舰船也只有部分航程在德国空军的飞行半径之外。英国这样

伞兵空降

的舰船很少，即便是有也只能运载几百人。

5月24日，林格尔大队的进攻在加拉塔斯受阻，英军在那里构筑了坚固的阵地。在干尼亚以西的高地上，弗赖伯格将军集中了苏达湾地区的所有部队。争夺克里特岛的最后一战就是在这里进行的。

5月25日，英国空军再次参战，它的轰炸机与远程战斗机从埃及出发向马利姆机场发起攻击。可是，向已成为岛上重要的德军基地所发起的空袭势头太弱，成效甚微，最重要的是为时过晚，无法扭转失败的局面。同样，德军在马利姆的情况也不妙，飞机在狭窄的机场上着陆时不断坠毁，机场跑道上可利用的有限的空地，因飞机残骸的不断堆积变得越来越狭小。不过，装备有缴获到英军坦克的登陆队十分迅速地消除了障碍物。

登陆队的努力，给山地师输入援兵成为可能。

5月26日，德军第六山地师又有一个团在机场着陆。此后，这场旨在粉碎英军抵抗的作战按预定计划顺利进行。第八空军向干尼亚发动了一场大规模

🔻 空降兵阻击战（油画）

攻击之后，德军突破了该城以西的阵地。

翌日，彻底粉碎了英军在干尼亚的抵抗，德军占领了该城。

5月28日，德军占领了苏达湾，次日又占领了雷西姆农，并与在伊腊克林周围驻扎的东部大队会合。

5月22日，意大利人对克里特岛的局势进行了判断，认为局势十分有利于他们参加征服该岛的作战，因此建议提供一个装甲连。这支相当于一个加强团的远征部队于5月28日在锡提亚登陆，尔后向耶腊皮特腊推进，在前进中并未遇到什么抵抗。

意军的目的是使英军无法撤至克里特岛以东，并从那里撤走大批部队。这次登陆对克里特岛之战的结局根本未起到任何作用。

至5月26日晨，弗赖伯格将军已十分清楚地认识到，克里特岛的失陷只是个时间问题。

他把他的想法向中东部队总司令韦维尔将军作了报告，并告诉他，在过去几天连续的战斗和集中轰炸攻击中，克里特岛上的英国部队已经到了山穷水尽的地步。如果允许立即撤出，还有可能救出一些参战部队。

弗赖伯格还说，当然，如果认为在该岛坚持的每一个小时对中东的局势都很重要的话，他将继续尽最大的努力指挥作战。

韦维尔回答说，情况确实如此。他曾请示过丘吉尔。丘吉尔仍坚持认为，克里特岛之战的胜利是绝对必要的，要求韦维尔向克里特岛提供保证取胜的援助。

但是，严酷的现实是不以人的意志为转移的。当传来伦敦对此问题的答复时，韦维尔获悉驶往克里特岛的又一支运输船队在遭到德国空军猛烈的攻击之后，已经被迫调转航向，返回埃及。

在克里特岛上，守军的情况在5月26日这一天急剧恶化。

第二天，弗赖伯格将军下令，准备从该岛南海岸的小港斯法基亚撤退。

5月26日至27日的夜间，莱科克上校率领的两个突击营在苏达湾登陆，这支新锐部队在执行后卫任务时打得很顽强，使幸存的守军得以从马利姆与干

尼亚撤至克里特岛的南岸。

与此同时，德军向东部的推进打消了守军想撤往雷西姆农与伊腊克林的一切念头。

5月28日至29日的夜间，守军从北岸港口撤出约4000人。为掩护撤退，英国海军损失了"赫里沃德号"与"帝国号"驱逐舰，近300人丧生。这两艘战舰都是在企图通过卡索斯海峡时被击沉的。

与此同时，"阿贾克斯号""奥赖恩号"与"狄多号"也被击伤，留给守军的唯一出路是设法从克里特岛南岸逃脱。

撤退的集结点在斯法基亚一座近乎垂直的峭壁脚下的小渔村。这座峭壁高约100米，只有一条险阻的羊肠小径可以通行。

昼间等待撤离的人们必须尽量隐藏好，以免遭到德国空军的袭击。在这同时，他们背后的山地上，后卫部队与紧追不舍的德国山地部队正在激战。战斗是沿着南部一条难于通行的道路进行的。

后来，弗赖伯格将军把这条道路称为英军的"悲惨之路"。

撤退行动是从5月28日至29日的夜间开始的。一支由英国巡洋舰、驱逐舰与商船编成的舰队在四个夜晚共撤走约1.7万人。

在夜间短暂的几小时之内，从开阔的海滩上英国能撤出远征军的一半，这确实是一个壮举。从撤退一开始，英国人便把5月31日至6月1日的夜间定为撤退的最后日期。他们感到任何的损失与受创对地中海舰队来说都将不堪重负。

"佩思号"巡洋舰和3艘驱逐舰受创，"加尔各答号"防空巡洋舰在距亚历山大港100海里的海面上又被一架容克-88型轰炸机击沉，这确实更加重了英国海军为保障从斯法基亚村的撤退所受的损失。

空军中将特德把留在埃及的3个英国空军战斗机中队用于在昼间执行护航掩护任务，这避免了更严重的损失。

人们通常把英军的死、伤、被俘数字估计为1.5万人，但一个更可靠的报告认为比这个数字要多近750人。同时，海军还损失2000余人。现在，已可以

对德军在克里特岛作战中的损失作出可靠的估计。这个数字远低于丘吉尔原先所作出的"击毙5000多名伞兵"，总计打死打伤1.5万名德军的估计。在对所有的官方与非官方的资料进行认真的研究之后，在参加这次作战总数为2.2万名德军中，死、伤、失踪人数只有6500余人。

尽管我们所说的这个数字远远低于丘吉尔所作的估计，但要高于德军在整个巴尔干之战中的全部伤亡数字。在巴尔干之战中，德军死、伤、失踪总数为5600余人。

在克里特岛之战中，德军以较小的代价赢得了难得的胜利。这一胜利使德军的登陆作战似乎成为不可战胜的了。

在没有制海权的情况下，德军只有依靠其空中优势和独一无二的强大的伞兵空降部队进行这次战役，这是世界上唯一的以空降部队为主实施的进攻战役。

但由于盟军早有准备，原本可能的"辉煌"最后却使克里特岛变成了德国伞兵的坟场。

从对历史的影响来说，克里特岛空降战役对西方产生很大影响。美、英军事当局认为戏剧性的克里特岛空降作战，作战思想大胆新奇，具有极高的想象力，是历史上的第一次。

美、英军方从而得出结论，盟国要打败强大的德国军事机器，空中机动是绝对必要的，从此美、英加速了空降兵建设的步伐。

保卫之战

第二次世界大战欧洲战事

巴巴罗萨计划

　　1941年6月22日，德国集结190个师又3个独立旅，共约550多万人，分北方、中央、南方三个集群向苏联发起突然袭击。这就是希特勒的"巴巴罗萨计划"。希特勒制订这个计划的目的是突然袭击苏联，一举将这个苏维埃社会主义国家摧毁。面对德军的突然袭击，苏联方面毫无防备，在一个月内就损失60多个师，160万人，战线全线溃退。

德军大部队
进入集结地域

希特勒做好了攻打苏联的准备，精心制订了"巴巴罗萨"计划。

在"巴巴罗萨"开始之前的最后几个难熬的日子里，希特勒的失眠老病又开始复发了。

随着对苏战争的一天天临近，希特勒每天和约德尔、哈尔德、布劳希奇，还有希姆莱、莱伊、赫维尔、里宾特洛甫等人讨论对苏作战问题，常常要熬到凌晨三四点钟。

希特勒非常忧虑，国外的报纸纷纷报道说，德国不久将进攻苏联。苏联驻德国大使杰卡诺索夫通知德国外交部，要求会见国务秘书。

希特勒想，难道苏联觉察到了什么？杰卡诺索夫将向我们提出什么重要的东西？

1941年6月19日傍晚，希特勒先明确了各人的责任。他宣布：

希姆莱全权负责解决两个对立的政治实体之间斗争所产生的"特殊问题"，希姆莱的行动由自己负责，不受军队约束。

戈林负责征发苏联全部资源以供德国工业之用。罗森堡主要制订在军事行动结束后苏联的国家体制的问题。至于军事行动计划仍按照原来的计划执行。

随后，希特勒特别指出：

第二次世界大战欧洲战事

　　必须让大家明白，让从将军到士兵的每一个人都知道，对苏战争不是一次骑士式的战争，它不同于以往任何一场战争，它将是意识形态对立和种族对立的战争。因此，我们要用空前残酷的手段进行这场战争！

说到最后一句时，希特勒将手一挥，然后向前紧走了几步，继续说道：

　　我们所要打破、根除、消灭的那种意识形态，并不是半空中的东西，这种意识形态是有具体的人代表的，他们叫做政委、政治指导员、党组织书记、政治部的军官、教导员等。总之，不管他们叫什么，必须从肉体上加以消灭，通通消灭，全部消灭。

希特勒

　　希特勒在发布了自己最得意的指示后，开始口授他的"巴巴罗萨"公告——告东方前线部队书。

　　就在这时，里宾特洛甫打来电话说，杰卡诺索夫在下午18时拜见了国务秘书，讨论的只是一些日常事务。希特勒如释重负，心绪稍稍安定下来，他指示将公告秘密印发给部队。

　　在满满4页的公告中，希特勒在详尽地解释德国的所谓"爱好和平"的外交政策后，对苏联政府肆意

诬蔑，恶意中伤，希特勒声称：德国人民从未对苏联居民心怀恶意，但是20年来莫斯科的犹太布尔什维克统治者不仅要使德国而且要使整个欧洲燃起战火，克里姆林宫企图用颠覆的手段使欧洲的其他部分信仰共产主义。因此希特勒号召德国的士兵们，为了德国的未来而战斗。

6月21日夜幕降临之后，几十万德军悄悄前进，开到离边境大约1公里处，进入最后的集结地域，突击队埋伏在距离桥梁、岗楼和铁丝网障碍物等只有几十米的地方。为防止发生意外，德军实施了严格的噪音和灯火管制。

战争一触即发，莫斯科的气氛也越来越紧张。

3月份以来，德军将进攻苏联的消息越来越多。美国人、英国人、法国人，甚至德国人纷纷告诫苏联政府，德军将在6月对苏发动进攻，斯大林想，这是挑拨，是西方人的离间计。

但是，令斯大林不安的是，超级红色间谍佐尔格也发来了相同的情报。

战场上的士兵（俄二战博物馆模拟场景）

红军情报总局局长戈利科夫报告：至1941年5月初，德国国防军的军力将达到800万人，坦克1.2万辆，火炮5.2万门，飞机2万架，并且已大部集结在东部。

斯大林焦虑不安，对德国将进攻苏联半信半疑。因为他在收到战争威胁近在眼前的大量报告的同时，也收到大量关于战争不会发生的报告。

如德国人民不愿意打仗、德军中有一些士兵不愿打仗，德国存在着强大的反对对苏战争的势力，因为许多德国人认为，对苏战争将使德军刚刚赢得的胜利丧失殆尽。尽管这些情报并不是主要的一面，但是这些情报符合斯大林的意愿，因此对斯大林更有影响。

斯大林还记得在年初的时候自己曾致信希特勒，询问德军在波兰集结的情况。希特勒在给自己的回信中就明确指出：

这些情报是可靠的，在波兰确实集结着大量的兵团，但是那不是针对苏联的，是为了躲避英国的轰炸，希特勒将严格遵守签订的条约，并以自己的人格做担保。

不过，斯大林还是有点犹疑，他找来莫洛托夫等人，商议对策。莫洛托夫献策：可以试探一下德国。

斯大林决定发表一份声明，直言不讳地指责德国没有遵守条约。

6月14日，塔斯社发表声明，呼吁德国同苏联就双边关系重开谈判。

塔斯社的声明称，英国等国的报刊到处散播谣言，说"苏德之间即将发生战争"，这些谣言显然是荒谬的，是反苏反德力量的笨拙的宣传伎俩，他们希望战争进一步扩大和加剧。

苏联人士认为，关于德国企图撕毁条约并准备进攻苏联的传闻纯属无稽之谈。斯大林希望德国能借此发布澄清声明，解除苏联的疑虑，并与苏联谈判。

斯大林认为，如果希特勒同意进行谈判，那就可以把谈判拖延一个月或

一个半月。这样一来，德军在1941年进攻苏联就不可能了。因为德军不可能在夏末，更不可能在秋天进攻苏联，那样苏联就可以争取到7至10个月宝贵的时间。

但是，结果却与他们的想法相反：柏林根本不理会塔斯社的声明。对于苏联就德军飞机侵犯苏联国界一事发出的照会也未作出反应。

莫洛托夫约见德国驻苏联大使，要求他就此作出说明。与此同时，苏联驻德国大使也设法求见里宾特洛甫，但是一切都无济于事。

柏林主意已定，现在已经不是摆外交姿态的时候了，今后将是用战争说话了。德军张开了大网，从北冰洋到黑海已经布满了德军，苏德战争的大门已经无法紧闭了。

然而，斯大林依然迷溺于用外交途径来避免冲突，没有下决心尽快让部队进入一级战备状态。

战争迫在眉睫，尽管苏联政府和军队已经做了不少工作来加强国家的防御能力和军队的战斗力，但是还远远没有做好同希特勒进行决战的准备。

主管军事工作的铁木辛哥、朱可夫等人见战争威胁一天天地临近，而苏联的备战工作仍在不紧不慢地进行，心急如焚。1941年5月，也就是战争爆发前一个月，他们心急如焚地向斯大林报告。

朱可夫说："从红军奇缺的许多武器和技术兵器来看，工业执行供应计划的情况根本不能令人满意。关于这一点，铁木辛哥将向你作详细汇报。"

铁木辛哥说："除了弹药生产计划未能完成预定任务外，拖拉机、防空和反坦克兵器、通信器材，特别是坦克、飞机的生产也无法满足新建和扩充部队的需要。至1941年3月，部队尚缺1.25万辆中型和重型坦克、4万余台拖拉机、约3万辆汽车。也就是说，新组建的坦克兵团和机械化兵团只能得到30％的保障。即使是高速生产，也需要三四年才能完全配齐技术兵器。

"铁路、公路的建设也远远满足不了战时的需要，西部边境的许多桥梁承受不住中型坦克和火炮的重量，乡间道路需要彻底翻修，各边境铁路区段很难适应卸载大量部队的要求，铁道兵和建筑部门也不可能在1941年内完成

临战准备。

"现代化通信器材不够，通信器材的动员储备品和应急储备严重不足。西部边境军区拥有的电台只有标准数的27%，基辅军区仅有30%，波罗的海沿岸军区最好，但也仅有52%。其他无线和有线通信器材的情况也大致如此。

"统帅部、总参谋部、各方面军的通信枢纽部将主要依靠邮电人民委员部的通信设施，而邮电人民委员会根本就没有做好在战争条件下工作的准备。与此同时，供战略战役机关使用的地下电缆网更是空白。而苏联最高领导人1941年2月接到各军区十分忧虑的报告时，也没有将这一生死攸关的问题列入解决的日程。

"机场的建设直至1941年3月2日才作出保证建造和改建飞机场的决定，要求修建新机场190个，而且只能在春播结束后调用劳动力。"

斯大林脸色铁青，他说："你们的担忧我都能理解，但是只要我们努力，战争不会像你们担忧的那样马上就来临，我们还有时间。因此，无须采取特殊政策，免得引起德国人的警觉。"

不过，斯大林对苏军的战斗力情况表现出格外的关心，他提醒铁木辛哥，应多到部队去，多了解一些部队的实际情况，特别是军队改编后的情况。

铁木辛哥在一年内，视察了莫斯科军区、西部军区和基辅军区，观摩训练和演习。铁木辛哥在视察中发现，鉴于部队缺编严重，苏军赶在战争开始前对军队进行大规模改组，以提高战斗力，这一决定是符合苏军的现实要求的。但是，由于战争已迫在眉睫，大规模改组也带来了大量问题，部队训练水平下降，战斗力下降。

6月16日，苏联国防人民委员会根据对边境各军区坦克部队的检查情况发出密电指出：

对战士和指挥员的训练同机械化部队战备的主要任务脱节，

训练目的不明确；人力准备处于低水平；机械化兵团内部各兵种的协同动作规定得少而差；摩托化部队当做步兵部队来训练，没有考虑到它们在战斗使用中的作用和性质；无线电兵的培养工作至今仍处于低水平；炮兵部队尚未掌握从开阔阵地直接瞄准的技巧，这门课根本就没有上过；夜间作业当做例外进行，而且许多部队，根本就没进行过夜间训练和提出过密电要求，必须尽快改变这种状况。

1940年年底，联共（布）中央发布了"关于改编红军空军的决定"，要求组建100多个用新式飞机装备的作战兵团，结果至1941年5月底，只来得及组建19个齐装满员的团，其他军兵种的情况也相类似。

战争进行不到一个月，苏联统帅部就不得不对军队编制进行大幅度的修改。航空兵师由4至6个团缩编为2个团，每团编制飞机由61架减为22至32架，步兵新编制比原编制人员减少了25％，火炮减少52％。机械军七八月间全部撤销。

干部短缺的现象也十分严重，肃反扩大化使国家和军队的战争准备受到严重损害。由于大量干部，特别是优秀高级干部遭清洗，加上部队的大规模改编，使苏军无法获得足够数量的具有一定军事理论素养和一定实战经验的军官去指挥这支庞大的军队。

至战争前夕，军队的指挥干部没有配齐，陆军中缺6.69万名，占整个陆军指挥干部的16％；而在西部边境军区，缺额更大；空军中飞行技术人员缺32.3％；在海军中，指挥员缺编22.4％。

指挥员严重缺编致使一些指挥员连提数级，一些营长晋升为师长，甚至军长，而一些排长则一跃而为团长。仅1941年3月7日和8日两天，就新任命了4个集团军司令、42个军长、117个师长。对于他们来说，到苏德战争爆发，只剩下3个多月的时间用于熟悉自己的职责了。

预备役军官的征集和各种训练班虽然使干部不足的状况得到局部改善。

但是，由于战争逼近，时间缩短，加上军队的大规模改编改组，很难从整体上达到预期效果。

虽然在战前解放或重新启用了一大批被清洗的干部，但指挥人员仍主要靠初级军事院校和短训班应届毕业生，以及征召预备役人员加以补充。

即使这样，至战争前夕，军队的指挥干部也没能完全配齐，而且全军有75％的指挥员任职才不过几个月。

军队的集中、展开和通讯指挥系统的建立也是以应付1942年战争为标准的，军队没有做好防突袭的准备。

首先，军队的集中与展开直至1941年2月才开始，而且1941年2月通过的这份军队动员计划，还需要各军区继续修改。

3月底至4月初，同意征召80万预备队做补充部队，而征集工作要求在5至10月才进行。而从征集到分派到各军区，并达到实战要求恐怕要到1942年。

4月，步兵部队实行战时编制，实际执行的结果是没有一个师在战争爆发时达到战时编制要求。至6月初，要求军区司令部完成掩护国境线计划的制订并呈报国防人民委员部审批，其结果是计划尚在国防人民委员的办公桌里，战争就已爆发了。

因此，直至战争爆发，苏联也没研究建立战时战略领导体制，没有预先建立战时统揽国家一切权力的国防委员会和最高统帅部。

长期的战争准备不是一时可以弥补的，但是对于苏联这样一个地域广阔、有着强大实力的国家来说，只要临战准备做得好，仍然能够在战争初期将损失减少到最低程度。但是，固执的斯大林对日益迫近的战争依然视而不见，而他周围的人因为恐惧又不敢将自己的忧虑如实向他阐明。

朱可夫在回忆这段历史时检讨说："当战争日益临近时，我们这些军人看来没有尽一切力量说服斯大林相信苏德战争不可避免地要在最近爆发，向他证明必须将作战和动员计划规定的紧急措施付诸实施。"

苏军判断失误
致使初战失利

1941年6月21日晚，古老的莫斯科城在经历了白昼的喧闹之后，已归于宁静，静得让人陶醉，让人流连，仲夏的莫斯科，夜色真美。

一阵急促的电话铃声惊动了朱可夫，他预感到一种危险，他抓起话筒，声音有些颤抖，急切地说："我是朱可夫，有什么新情况。"

一向沉稳的基辅军区参谋长普尔卡耶夫中将给他带来了坏消息。他说，一个德军司务长向苏军边防部队投诚，供称德军已开始进入出发地域，将在22日晨向苏联发动大规模进攻。

朱可夫立即将这一消息向铁木辛哥、斯大林作了汇报。斯大林沉默了一会，然后命令铁木辛哥、朱可夫、瓦图京立即到他那里去。朱可夫等人匆匆赶到克里姆林宫，接着政治局委员们也来了。

斯大林很忧虑，在桌旁踱来踱去。他问："我们该怎么办？"

没有人应声。

"应该立即命令边境各军区所有部队进入一级战备状态。"铁木辛哥打破令人窒息的寂静，轻声对斯大林说。

"把命令读一下。"斯大林说。

朱可夫把在总参谋部拟订的命令草稿读了一遍。他强调说："必须根据既定地击退敌人任何进攻的作战计划采取坚决行动。"

这时，斯大林有点不耐烦地打断朱可夫的话说："现在下达这样的训令太早，也许问题还可以和平解决。应该下达一个简短的训令，指出进攻可能从德军的挑衅行动开始。边境各军区的部队决不要上挑衅的当，以免引起麻烦。"

朱可夫立即叫来第一副总参谋长瓦图京，两人根据斯大林的指示迅速拟定了一份国防人民委员的命令草稿，即第一号命令，然后回到斯大林办公室。斯大林详细阅读了命令草案，并作了一些修改。命令全文如下：

列宁格勒军区、波罗的海沿岸特别军区、西部特别军区、基辅特别军区、敖德萨军区军事委员会：

抄送：海军人民委员会。1941年6月21日到23日德国可能在列宁格勒军区、波罗的海沿岸特别军区、西部特别军区、基辅特别军区、敖德萨军区正面实施突然袭击。袭击可能从挑衅行动开始。

我军的任务是：不受任何挑衅行动的影响，以免使问题复杂化。与此同时，列宁格勒、波罗的海沿岸、西部、基辅、敖德萨各军区部队进入一级战斗准备，以防德军或其盟军可能的突然袭击。

命令：

1941年6月21日夜间，隐蔽占领国境筑垒地域各发射点；

1941年6月22日拂晓前，将全部飞机、包括陆军航空兵的飞机，分散到各野战机场，并加以周密伪装；所有部队进入战斗准备，军队应分散、伪装；防空部队不待补充兵营到达，立即进入战斗准备。城市和目标地区应采取灯火管制的一切措施；在没有特别命令的情况下，不得采取任何其他措施。

铁木辛哥、朱可夫等人怀着不安的心情离开克里姆林宫以后，回到国防人民委员会的办公室里。

斯大林在朱可夫等人走后自言自语地说："我想这是希特勒的挑衅，难道他真的敢发动对苏战争？"

斯大林望着寂静无人的大街有些出神。他绝没有想到，德国的飞机已经侵入苏联的领空轰炸苏联的城市和机场，法西斯的坦克正隆隆开向苏联边境，希特勒的将领们正越来越频繁地看着自己的手表，表盘上的指针正一分

一分地向发起进攻的决定性时刻逼近。

6月22日3时许，德军出动约2000架飞机，突然袭击苏联西部66个机场以及其他军事基地、交通枢纽和重要城市，并以数千门火炮猛烈轰击苏联西部边境地区，揭开了"巴巴罗萨"行动的序幕。

德军选择6月22日作为进攻苏联的发起日，是经过精心计算的。

首先，这一天是星期天，苏军的大部分军官都去度假了，只有一小部分军官留在岗位值班；其次，这一天恰好是夏至后的最后一天，昼长夜短，在战役的最初日子里，德军一天可以战斗18个小时，这对于迅速取得对苏战争的胜利是极为有利的。

德军进攻的具体时间也是经过精确计算的。德军在确定具体进攻的时间时有几种不同的意见，德军陆军总司令部一向奉行传统的军事理论，认为德军进攻的时间应定在6月22日清晨，也就是在拂晓发起进攻。

德国空军总司令部却坚决反对陆军的观点。空军将领们认为，参加第一波攻击的大约900架飞机在黑夜中无法找到目标。

如果陆军在拂晓时分发起进攻，空军的飞机从前沿和内地，顶多能够与地面部队同时越过边境，此后平均还要飞30分钟才能对苏联机场实施攻击，这就给苏联空军大约30分钟的预警时间，这样德国空军将无法实现将苏联飞机消灭在地面上的任务，这对"巴巴罗萨"计划追求的突然性是十分不利的。

两种意见各执一词，最后陆军的观点略占上风。

4时30分，德军北方、中央和南方3个集团军群共152个师以装甲摩托化部队为先导，在空降兵部队的配合下，从波罗的海至喀尔巴阡山一线约1500公里宽的正面上，分北、中、南三路向苏联发动全线进攻。

德军北方集团军群在处事谨慎、行动保守的勒布元帅指挥下，以第四装甲集群为中路，第十八和第十六集团军为左右两翼，由第一航空队支援，自东普鲁士的柯尼斯堡以东地域向陶格夫匹尔斯、普斯科夫、列宁格勒总方向实施进攻，企图消灭波罗的海沿岸地区的苏军集团，占领那里的港口和海军基地，攻取列宁格勒，与芬军会师。

中央集团军担任主攻任务，辖第四、第九集团军和第三、第四装甲集群，第二航空队担任支援任务，由在西线战役中立下赫赫战功的博克元帅指挥，德国装甲兵的缔造者古德里安担任先锋。中央集团军的任务是由东普鲁士的苏瓦乌基地域和波兰的华沙地域向比亚韦斯托克突出部、明斯克方向实施钳形突击，围歼苏军西方面军主力，尔后向斯摩棱斯克方向发展进攻。

南方集团军群辖第六、第十七、第十一集团军和第一装甲集群，第四航空队进行空中支援，由龙德施泰特元帅指挥。其任务是：左路从波兰的卢布林地域向基辅方向和第聂伯河下游实施突击，通过迂回包围阻止苏军退过第聂伯河；右路从罗马尼亚向第聂伯河下游发起进攻。

忙了一夜的斯大林正准备睡一会儿，感觉有人在轻轻地敲门。斯大林心里一阵发紧，已经是6月22日凌晨4时，还从来没有人在这个时候把自己叫醒。难道德国真的向苏联进攻了？

斯大林裹紧睡衣走了出来，卫队长有些不安地报告说："朱可夫大将有急事向您请示，请您接电话。"

斯大林走到电话机旁，拿起电话。

朱可夫语言急促，简明扼要地向斯大林报告了德国空袭的情况，他说：德国的飞机空袭了基辅、明斯克、塞瓦斯托波尔以及其他一些城市。

斯大林发出了急促的呼吸声。这太出乎他的意料了。斯大林还清楚地记得两年前希特勒在他60岁生日时发来的贺电，贺电说：

约瑟夫·斯大林先生：

在你60寿辰之际，请接受我最衷心的祝贺，并为此表达我最良好的祝愿。祝你健康长寿，祝友好的苏联各族人民前程似锦。

斯大林默不作声。朱可夫又急切地说："斯大林同志，您明白我的意思了吗？"

斯大林惊了一下，迟疑了一下，然后用嘶哑的嗓音说："你让铁木辛哥

他们到克里姆林宫来吧，然后告诉波斯克列贝舍夫，让他把政治局的全体委员都叫来。"

斯大林放下话筒，在桌边呆呆地站了一分钟。希特勒怎么敢同时在两线作战？他简直是一个疯子！应该再与柏林方面联系一下。

这时政治局委员们蹑手蹑脚、小心翼翼地进来了。朱可夫、铁木辛哥跟在后面。此时，斯大林脸色苍白，手里拿着装满烟丝的烟斗，默默地坐在桌旁，他吩咐了一句："同德国大使联系一下吧！"

莫洛托夫很自觉地出去了。屋子里一片寂静，只听见人们的呼吸声。在座的除朱可夫、铁木辛哥外，还有安德烈耶夫、卡冈诺维奇、米高扬、加里宁、贝利亚、马林科夫等人。

过了不一会儿，莫洛托夫走了进来。斯大林与他的同事们紧张地看着莫洛托夫，希望从他那里能得到好消息。莫洛托夫回到自己的座位前，用有些沙哑的声音轻声说道："舒伦堡通知我们，德国政府为了预先防止俄国人正在准备的进攻，向我们开战了。"

房子里静悄悄的，除了人们的呼吸声外，一点声音也没有，就连一根针掉到地上也能听见。

这时铁木辛哥打破沉默，轻声问斯大林："斯大林同志，我们是不是立即分析一下当前的局势？"

斯大林答应说："谈谈当前的情况吧！"

第一副总参谋长瓦图京中将走了进来。但是他并没有带来多少新的消息，他说："边境的情况尚不十分清楚，就目前掌握的情况看，德国的大部队在猛烈炮火和飞机的掩护下，已经在西部和西北部许多地区越过边界，侵入我国，至于双方的伤亡情况目前尚不清楚。"

朱可夫补充说："应该集中西部所有的兵力猛烈还击德军的进攻，制止他们的进攻。"

铁木辛哥进一步补充说："应该以还击敌人的打击，不是制止，而是歼灭！"

斯大林说了一句："就照此下命令吧！"

6月22日7时15分，苏联国防人民委员会向各军区发出了第二号命令。命令要求各部队使用一切力量及手段进攻德军并将其歼灭在边境地区，轰炸航空兵和强击航空兵要以强大打击将德空军消灭在机场上并轰炸其地面部队的主要集团。航空兵应深入德国领土100至150公里实施打击。

很显然，苏军的意图是顶住德军的进攻，并迅速将战火推向德国。

结果，许多师只是在德军轰炸和炮击后才紧急动员起来，一些部队和兵团尚没有到达指定地域，就在途中遭遇了德军的坦克部队，被迫在行进中投入战斗。

第二道命令由于通信设施遭到德军的破坏，各军区和各集团军没能迅速接到命令，而且接到命令的部队也无法按照命令的要求去执行。苏军在德军的突然袭击下，陷入一片混乱。溃散的苏军与连绵不断的难民群混在一起，局势十分混乱。

斯大林焦虑不安地在办公室里走来走去，他不知道德军统帅部会不惜一切代价，不顾在他们的身后留下多少苏军，径直地向苏联纵深挺进。

战争已经烧向苏联领土，必须将这一消息告诉苏联人民。由谁来把德军进攻苏联的消息告诉人民呢？大家很自然地想到了斯大林，可是斯大林却出人意料地拒绝了。

斯大林为什么会拒绝呢？

在苏联历史上曾流传着一种观点，认为斯大林作出这样的决定，是因为他心灰意冷，他不知道对人民说什么好，因为他一直在告诉人民不会发生战争，即使发生战争，敌人也将在他自己的领土上被粉碎等。而现在，必须承认苏联正在遭受失败。

其实，这一说法是没有多少说服力的。因为在决定发表讲话时是在清晨，那时在莫斯科还没有人知道苏军在初期的战斗中遭受了失败，因此斯大林不愿发表讲话，并不完全是因为这一点，更大的可能性是此时斯大林还不知道边境上的事将如何发展。他不愿意在局势不明时轻易向人民说什么，因

为这样有可能动摇他的威信，他不愿为此去冒无谓的风险。

22日清晨，斯大林还没有听到胜利的战报，但是他心中还是坚信，两三周之后他将惩罚希特勒的背信弃义，到那时他才会出面向人民宣布，我们打败了背信弃义者的无耻进攻。

中午12时整，莫洛托夫遵照斯大林的指示，发表了广播讲话。

今天早晨4点，德国军队未向苏联政府提出任何口实，未经宣战就对我国发动了进攻，在许多地方侵入了我国国境，派出飞机轰炸了我们的城市，我国人民面对凶恶敌人的进攻已经不是第一次了。我们的人民用卫国战争回敬了拿破仑的进攻并使他遭到失败。

现在我们面对着凶恶的希特勒分子发动的反对我国的新的进军，红军和全体人民一定要把保卫祖国，保卫幸福，保卫自由的胜利的卫国战争进行到底。我们的事业是正义的，敌人必败，胜利一定属于我们。

斯大林焦急地在等待着前线的消息，他不断询问铁木辛哥、朱可夫和瓦图京，要求得到边境战况和第二号命令执行的情况。

斯大林不时地问："你们究竟什么时候才能把边境的战斗情况清清楚楚地报告上来？西方面军司令巴甫洛夫、西南方面军基尔波诺斯、西北方面军司令库兹涅佐夫都在干什么？总参谋部在干什么？现在战斗到底在什么地方进行？敌人在哪里？"

情况不明使斯大林的情绪十分压抑，他再也不能等待了，他在办公室里走来走去，最终决定，派人到前线实地了解一下战斗情况。

13时，斯大林指出："我们的各个方面军司令员缺乏足够的作战指挥经验，看来有点慌。因此决定紧急派遣大本营有权威的代表到西南方面军和西方面军去。去巴甫洛夫处的是沙波什尼科夫和库利克，去基尔波诺斯处的是

朱可夫。现在就立即出发，乘飞机去。"

　　总参谋长朱可夫问了一句："在目前复杂情况下，有谁来领导总参谋部呢？"

　　斯大林答道："把瓦图京留下，我们这里还可以对付。"

🔺 苏联领导人斯大林（油画）

斯大林终于等来了消息。据有关消息说，由于苏军的顽强抵抗，德军的进攻已被击退。铁木辛哥立即发布了第三号命令。

命令要求：

西北方面军及西方面军应采取集中突击的办法包围并歼灭敌苏瓦乌基集团，至24日黄昏时占领该地区。

西南方面军应以若干机械化军和全部空军，以及第五、第六集团军其他部队的集中而强大的突击包围并歼灭在弗拉基米尔—沃伦斯基及布罗德方向上进攻的德军集团。

至6月24日黄昏时占领卢布林地区。

斯大林补充说："在从波罗的海直至与匈牙利接壤的国境线上，我允许越过国境线，可不受国境线的限制。"

但是，这些命令要么是根本就没有送达，要么是难以执行，要么是无力执行，要么是在执行中遭受惨败。

完全没有准备的苏军在德军的突然打击下，损失惨重，仅战争第一天，苏军就损失飞机约1200架，其中800余架被击毁在机场上，德国空军成功地夺取了制空权。

德军的装甲、摩托化部队也迅速突破苏军防线，向前推进了50公里至60公里，边境地区的军用仓库、储备的武器装备和军需物资几乎全部落入德军之手。

西方面军损失最为严重。西方面军的兵力集中在比亚韦斯托克突出部，该突出部是一个凸向波兰的弧形区域。

西方面军把3个集团军一线部署在突出部的北、西、南三个方向，北边是库兹涅佐夫指挥的第三集团军，中间是戈卢别夫指挥的第十集团军，南边是科罗布科夫指挥的第四集团军。3个集团军孤零零地部署在突出部，就像并肩排列在德军张开的大口中，德军只要上下一合牙，就能把他们吃掉。

博克将自己的部队分成两路，像铁钳一样从突出部的南北两翼夹向苏军集团，没有任何准备的苏军很快陷入了极为不利的局面，仅战争第一天，博克的中央集团军就将苏军的3万余人重重包围，第四天就攻到了苏联西部重镇明斯克。

听到这一消息，斯大林大发雷霆。德军在几天内就逼近了明斯克，如果不迅速堵住它的进攻，德军将很快突入斯摩棱斯克，直接威胁苏联的首都莫斯科。看来，德军进攻的主要方向不是自己预想的西南方向，而是最直接、能给苏联带来最大威胁的正西方向，必须加强对这一方向的指导。

他迅速打电话给正在西南方面军的朱可夫，急切地说："西方面军形势严重，敌人逼近了明斯克。我不明白巴甫洛夫是怎么了？库利克元帅在哪里？沙波什尼科夫在这关键时刻又生病了，你能不能马上飞到莫斯科来！"

6月26日深夜，朱可夫急匆匆赶回莫斯科，从飞机场直接来到斯大林的办公室。当他走进斯大林办公室时，国防人民委员铁木辛哥、第一副总参谋长瓦图京正笔直地站在斯大林的身旁，他们脸色苍白，面容消瘦，眼睛布满血丝。

朱可夫认为，现在西方面军的形势极为严重，单靠它本身的力量已经无法挡住德军的进攻，必须调集新的部队，加强那里的防御。

铁木辛哥、瓦图京表示同意朱可夫的分析。最后，他们决定：立即组织第十三、第十九、第二十、第二十一、第二十二集团军，在西维德纳—波洛茨克—维捷布斯克—奥尔沙—莫吉廖夫一线占领防御，并使用统帅部预备队的第二十四和第二十五集团军。在斯摩棱斯克—戈梅利一线建立第二道防线，同时迅速在莫斯科组建两三个集团军。目的是，在通往莫斯科的道路上建立纵深梯次防御，疲惫德军，将其阻止在某一区域，然后伺机反攻。斯大林批准了这一建议。

但是，气势正盛的德军并没有给苏军以喘息之机。

6月28日，德军装甲部队攻占明斯克，封闭了对苏军西方面军的大包围圈。同日，随后跟进的德军第四、第九集团军在比亚韦斯托克以东地域会合，完成了对苏军的近距离合围，将比亚韦斯托克小包围圈同东部的新格鲁

多克大包围圈完全分割开来，苏军损失惨重。

斯大林听到这一消息，再也忍耐不住自己的愤怒。一个方面军司令怎么在一个星期之内把什么都丢得干干净净呢？当初自己任命巴甫洛夫为西部特别军区司令员时，巴甫洛夫给自己的印象不错，他在报告时条理清楚，显得老成持重，很有信心。他参加过第一次世界大战、国内战争、中东铁路之战、支援过西班牙国内战争，并且由于战功卓著，而被授予苏联英雄称号，后来又参加过苏芬战争，应该说是久经沙场了。

唯一不足的是他还缺乏统帅大部队的经验和智慧，对错综复杂的环境还缺乏足够的应变能力。

实际上，斯大林在极度缺乏高级指挥员的时代，提拔巴甫洛夫没有错。巴甫洛夫富有爱国精神、大胆、英勇、敬业，他在战争威胁面前，曾有一定的警惕。

巴甫洛夫从1940年8月起，举行过5次集团军级的野战演习，1次集团军级的指挥员和司令部就地作战演习，5次军级的作战演习，1次方面军级的演习，1次有两个坦克军参加的无线电演习，2次师级和1次军级操练。

他仔细地注视着敌军的部署情况，一再向国防人民委员会提出将军区部队由纵深调至边境地区。巴甫洛夫知道德国人准备发动突然袭击，所以请求允许进驻国境沿线的野战工事，但是他的请求没有得到国防人民委员会的允许，他们害怕这样会招来德国人的进攻。

斯大林没有去想这些，也没有去想西方面军面临的是数倍的德军，更没有去想由于自己的失误，使西方面军的部队在战争爆发时，军区还在进行整编，5个坦克军、1个空降军、3个反坦克旅都没有组建完毕，物资装备都不齐全。斯大林唯一想起的是，巴甫洛夫的西方面军在连连打败仗。

斯大林呆呆地站在窗前，一动不动地注视着莫斯科的夜色。他不由得想起图哈切夫斯基以前给自己写的一封信，其中一段话还记得很清楚："未来的战争将是发动机的战争。装甲坦克部队的集中可以形成强大的突击拳头，要抗御他们是很不容易的。"

049

他设想如果让图哈切夫斯基处在巴甫洛夫的位置，也许很多事情就会是另一番景象。看来，现在要扭转不利局面，最直接、最有效的办法就是撤换军事长官，加强对军队的指挥，改变目前的混乱局面。

6月30日，斯大林打电话给总参谋长朱可夫，命令召回西方面军司令巴甫洛夫，宣布解除他的职务，由铁木辛哥接任他的职务。

与巴甫洛夫一起被解除职务的还有方面军参谋长克利莫夫斯基赫少将、方面军通讯主任格里戈里耶夫少将、第四集团军司令员科罗布科夫少将。不久，这些人立即被送交军事法庭，以叛国罪、渎职罪判处死刑，并没收全部个人财产。

在西北方向组织防御的是西北方面军的第八、第一和第二十七集团军，共有44万人，库兹涅佐夫任司令员。西北方面军与防守列宁格勒的北方面军合作，由伏罗希洛夫元帅统一指挥。他们的主要任务是，防守苏联十月革命的摇篮、有苏联第二首都之称的列宁格勒。

德军的攻势十分凌厉，很快占领了维尔纽斯、陶格夫匹尔斯、里加。斯大林再也按捺不住对库兹涅佐夫的失望，他决定改组西北方面军，撤销库兹涅佐夫上将司令员的职务，由原第八集团军司令索宾尼科夫少将接任，瓦图京中将任参谋长。

但是，仓促改组的班子一时无法扭转被动局面，德军就像潮水一样继续向苏军冲来，处于被动之中的苏军不仅没有还手之力，更没有招架之功。集团军在宽大的正面上作战，又没有建立纵深梯次防御所需的兵力兵器，预备队又没能及时赶到。

结果，德军从行进间占领了普斯科夫城，打开了通往列宁格勒的最后一道门户。

西南方向的情况尽管比前面两个方向要好些，但是也不妙。至7月初，德军在南翼推进了300至350公里，苏军在南翼共死约17.2万人，伤6.9万人，平均每天死伤1.6万人。

这样，在短短的3个星期，苏军就后退了300至600公里，德军占领了拉脱

维亚、立陶宛全境、白苏联大部、乌克兰和摩尔达维亚的部分领土，并进入苏联联邦西部，进抵列宁格勒接近地，威胁到斯摩棱斯克和基辅。苏军死58万余人，伤10余万人，并损失了大量物资装备。

苏联曾竭力掩盖自己的失利，随着岁月的流逝和苏联的解体，苏军严重失利的原因逐步浮出水面。从总体上看，苏军在战争初期严重失利的原因是多方面的，其中最主要的原因有以下几个方面：

首先，苏德战争爆发时间判断失误是造成苏军失利的首要原因。前苏军总参军事学院院长伊万诺夫大将认为，时间判断失误对苏军的初期失利起了决定性的影响。朱可夫元帅也曾指出："对时间判断错误这个消极因素，作用虽然逐渐减弱，但极大地增强了德军客观上的优势，加强了他们暂时的优势，造成了我们在战争初期的严重情况。"

苏德战场（俄二战博物馆模拟场景）

保卫之战

譬如，由于通信指挥系统尚未做好迎战的准备，结果到6月21日向西部边境军区下达进入一级战备的命令时，朱可夫、铁木辛哥从21日17时左右开始，直至22日零时30分才下达完毕，历时7个半小时。

战争开始后，由于有线通信遭受严重破坏，大部分部队又没有无线电通信工具，上下左右之间的联系十分困难，各部队各自为战，局势一片混乱。统帅部不得不根据主观意志定下决心，这种状况又进一步加剧了混乱。

国防人民委员会和总参谋部的组织体制也不符合战时要求，因而不得不加以改组。结果造成大规模的人事变动。仅以总参谋部为例，六七月间变动了393人，而且主要是领导干部。

作为军队大脑的总参谋部，在战事紧急的情况下做如此大规模的人事变动，其后果是可想而知的。

其次是对苏德战争初期战法判断失误。苏联对德国侵略是有一定警惕的，但对德国一下子投入规模如此巨大的兵力实施首次突击却没有料到，认为两军将先在边境交战，然后才会投入主力作战。

这样苏军在防御时缺乏纵深梯次防御，兵力部署主要在国境一线上。苏军准备在边境交战后才进行全面动员，集中和展开主力准备决战，这大大延误了战机，丧失了御敌良机。

加上战前制订的作战计划以及部队的部署、边境筑垒工事的构筑、仓库和作战物资的配置都深受御敌于国门之外和对战争初期认识的影响。

战前苏军总参谋部提出并几经修订的作战计划，始终把以强大的反击将战斗行动迅速推到德领土上去视为主导思想，计划根本没有考虑在德军大规模进攻下的防御问题，更不要说必要的退却了。

在军队的部署上，担任掩护的第一梯队只有少数部队配置在国境线上，大部分军队驻在离边境8至20公里或更远的营房里。而预备队又分布在离边境不远的地区，根本没有考虑纵深防御、物质技术器材的储备点，机场也是从便于部队反击考虑的，大多配置在离边境近的地域。因此，战争爆发后，在德军强大炮火和航空火力的突击下损失惨重。

斯大林对德军主突方向判断失误与西方面军的失利也密切相关。

战前，斯大林认为，德军未来对苏作战的主要突击方向将在西南方向，因为在他看来，苏德战争将是一场长期的大规模战争。

斯大林在与朱可夫谈及苏德战争时多次说：

> 德国是一个缺乏资源的国家，他们如果没有乌克兰的石油等资源，德国法西斯是不可能进行长期的、大规模战争的。

斯大林的这一分析从战略的角度看是有道理的，但是他没有充分估计到希特勒为了避免战争长期化，而采取"闪击战"战略。希特勒的企图是以己之长，击苏之短，化不利因素为有利因素，速战速决。

当然，从客观上看，还有两个不容忽视的原因。

一是斯大林曾是苏联国内战争时南方面军和西南方面军的军事委员会委员，对粮食和煤对苏维埃共和国的重要性有着特殊的感情。

二是在斯大林智囊团的构成中，基辅特别军区的比重很大。在战争前夕，在总参谋部的主要职位上大部分是从基辅特别军区提拔上来的，如铁木辛哥、朱可夫、瓦图京，他们与斯大林一样"在某种程度上都认为西南方向是首要的"。

而事实上，德国陆军认为，"向莫斯科总方向进攻，成功的机会最大"，因为一旦德军在西方向的首次突击成功，苏军必将集中主力于该方向以保卫莫斯科。这样可以置乌克兰的苏军于不利地位。

由于错误地认为德军的主突方向将在西南方向，苏联制订作战计划时，很自然地把西南方向作为苏军防御的重点。苏军在这里部署了90个师共86万人，占西部边境各军区总兵力的47％。

其结果是，苏联的西方面军不得不抗击几倍于己的德军的突击，从而陷入极为不利的地位，而到苏军察觉时，又不得不把早先集中在乌克兰和后来调往那里的第十九集团军全部、第十六集团军的大部转移到西部方向，编入

西方面军，从行进间进入交战。

在战争初期，苏军的许多部队就这样不是在与德军作战，而是在忙于调整部署，这大大削弱了这些部队的战斗力，丧失了歼敌的良机。

肃反扩大化给人们内心造成的影响具有很强的惯性力，是苏联不能扭转错误政策的重要因素。虽然到1938年秋，肃反扩大化有所收敛，一部分被捕的指挥员被放了出来，而且重新担任了领导职务。但是，即使至1940年和1941年，怀疑、告发之风仍十分盛行。

战前不久，塔斯社公布了一则备忘录，对那些听信所谓德国对苏联怀有敌意的谣言的人又指责、又威胁，红军空军司令员雷恰戈夫和防空司令员什捷尔尼都是在那时被捕和被杀的，至战争爆发，副国防人民委员梅列茨科夫还遭到逮捕。

苏德战争爆发前的这种气氛是致命的。特别是在判明德军入侵、德军主要突击方向和未来作战特点等事关全局的问题上，人们或是唯命是从，或是规避卸责。

从大量的材料看，铁木辛哥、朱可夫等一批造诣很深的行家，通过分析大量的情报，对苏军所面临的大规模的突然袭击的严重威胁，以及未来作战样式是有一些正确判断的。但是他们无法向斯大林说明这一点，也无权采取应有的措施防止这种危险造成危害。

1941年6月13日，铁木辛哥与朱可夫打电话给斯大林，要求批准下令边境军区部队进入战斗准备，并根据掩护计划展开第一梯队，斯大林一句"不能完全相信侦察"就把一切都挡回去了。让人压抑的氛围是无形的，这对初战的失利也不无关系。

希特勒重兵
围困列宁格勒

　　德军闪击得手后，开始向基辅、斯摩棱斯克和列宁格勒三个方向发动全面进攻。

　　德军统帅部一派乐观气氛，德军陆军总参谋长哈尔德大将兴致勃勃地对自己的部属说：

　　歼灭西德维纳河与第聂伯河前方苏军主力的任务已经完成，苏军的164个步兵兵团，已经有89个被我们歼灭了，只有46个还有一定的战斗力，18个部署在芬兰等次要的战场上，有11个虽然情况不明，但不会对我军构成多大威胁，我们可以保守地说，14天内我们就能取得决定性的胜利。

　　希特勒也按捺不住自己兴奋的心情，他断言：

　　苏联已失去了这场战争。

　　为此，希特勒命令：

　　中央集团军群应强渡第聂伯河与西德维纳河，向斯摩棱斯克方向实施钳形攻击，并占领该市；南方集团军群应兵分三路：一

部围歼文尼察以西的苏军，一部向东南方向进攻，阻止苏军后撤，一部向基辅挺进；北方集团军群则继续向列宁格勒进攻。

博克的部队在完成战役的第一阶段战斗后，博克就指挥自己的部队马不停蹄地向前攻击。

博克命令：集中兵力向斯摩棱斯克方向实施主要突击，围歼苏军斯摩棱斯克集团，并夺取奥尔沙、维捷布斯克、斯摩棱斯克三角地带。

斯摩棱斯克是苏联的西部重镇，战略地位十分重要。距莫斯科仅400千米，素有"莫斯科门户"之称，是历代兵家必争之地。1812年，拿破仑率领法军入侵俄国，就是经由这座古城进入莫斯科的。德军将领们企盼着能重温拿破仑的旧梦。

苏军虽然拼死抵抗，但是仓促应战的苏军又没有完备的防御体系，无法抗拒德军强大装甲部队的进攻，在德军接连不断的钳形攻势和不断地分割、包围下，被各个击破。7月16日，德军占领了斯摩棱斯克，通往莫斯科的门户被打开了。

西南方向的形势也不妙。斯大林认为，西南方向是德军进攻的主要方向，他把苏军大部分兵力部署在乌克兰，设立了两个方面军：南方方面军、西南方面军。其兵力超过巴甫洛夫的西方面军和西北方面军两个方面军的总和。

西南方面军由基尔波诺斯指挥，编成内有第五、第六、第二十六和第十二集团军。南方方面军由秋列涅夫指挥，编有第十八、第九两个集团军。

尽管苏军在乌克兰地区部署了重兵，但是在德军的突然打击之下，苏军猝不及防，未能抵挡住德军的进攻。

至9月初，苏军已经被迫退守乌克兰首都基辅。克莱斯特和古德里安指挥的两支装甲大军如两根利箭在基辅南北两侧齐头并进，进至第聂伯河后转头相向推进，准备将基辅兜进德军的大包围圈。

朱可夫认为，德军气势凶猛，最好趁德军尚未合围之机，主动撤出基

辅，以保留实力。

　　斯大林的心情真是糟透了，战争局势很不好，自己的家人也陷入了德军的魔掌。据日丹诺夫报告，他的长子雅科夫，也就是苏军第十四装甲坦克师第十四榴弹炮团的连长，不幸被德军俘虏。

　　斯大林对自己儿子的被俘有些不安。雅科夫万一挺不住，被摧垮了，按德国人的意志在广播和传单里乱说一气，这不仅将对自己的声誉有极大的损害，而且会对正拼死抗战的苏联军民的士气造成很大的打击。

　　在此前一天莫洛托夫曾告诉他，说瑞典红十字会主席通过瑞典使馆带来口信：问是否要委托他或其他什么人采取行动解救他的儿子。

　　斯大林内心非常矛盾。

　　此刻，见朱可夫说要放弃基辅，就很不耐烦地拒绝了朱可夫的建议。他厉声打断朱可夫的话说："要放弃基辅？要将部队撤出基辅？撤退，撤退！我们丢掉了拉脱维亚、立陶宛全部，白苏联一部，以及乌克兰、摩尔达维亚

在战场上抵抗的苏军（俄二战博物馆模拟场景）

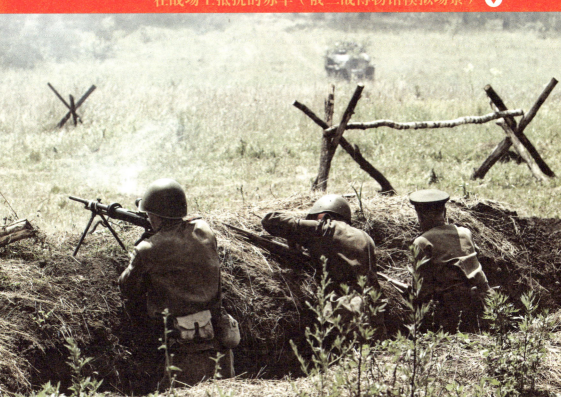

的一部分，苏联的西部也丢掉了，我们还要撤退，我们要撤到什么时候？现在德军已成了强弩之末，为什么我们不能再坚持一下子呢？再说，我们的人民在注视着我们，美国人、英国人乃至世界人民也在关注我们。

"美国政府、英国政府对我们充满了疑虑，他们不相信我们会把战线稳在列宁格勒、斯摩棱斯克、基辅以西，我们必须做到这一点。这样，我们才能获得我们最需要的武器和物质援助。如果我们把基辅丢了，谁还相信我们，谁还肯帮助我们！"

斯大林一想到基辅的局势，就想起西南方向总指挥的布琼尼。布琼尼是久经考验的老元帅了，他恐怕是当前苏联最有经验的军事家了，他怎么也与朱可夫一样主张放弃基辅了？不管怎样，基辅是不能丢的。

最后，斯大林下令，不许后退，不许炸毁桥梁，一定要守住基辅。而且他要求基尔波诺斯要实施更加积极的战术，对德军发起反攻。这样，苏军西南方面军错过了避开德军合围和保存实力的最后时机。

9月15日，德军完成了对苏军西南方面军第二十一、第五、第三十七和第二十六集团军的合围。

9月17日晨5时，西南方面军军事委员会再次向斯大林请求撤离，斯大林仍旧不许突围。

情况已经十分紧急，9月17日黄昏前，军事委员会不顾斯大林的反对，决定让苏军突围，但为时已晚。

方面军司令部也与各集团军失去了联系，被德军分割、包围的苏军各自为战，虽然英勇奋战，但仍未能挡住德军的猛烈进攻。

9月19日，苏军被迫放弃基辅。

9月20日，苏军西南方面军司令员基尔波诺斯上将、军事委员会委员和参谋长等高级将领在突围中阵亡。有66万多人被俘，800余辆坦克和3000余门火炮被德军击毁或被缴获。

在北路，德军已经突破了苏军在拉脱维亚—苏联边界的防线，占领了列宁格勒的西南门户普斯科夫，与位于拉多加湖西北的芬军主力遥相呼应，列

宁格勒已经处在德芬军队的南北夹击之中。列宁格勒好像已成为德军的囊中之物。

气急败坏的斯大林给负责西北方向防御的伏罗希洛夫打电话："伏罗希洛夫吗？普斯科夫怎么又丢了？你们打算撤到哪里？撤到北冰洋上去吗？"

伏罗希洛夫手里紧紧握着话筒，头上冒出一层细细的汗珠。他轻声表示决心说："普斯科夫我们丢了，但请放心，我们一定想办法重新夺回来。"

但是，自己用什么去阻止德军的凶猛进攻呢？改组后的列宁格勒军事统帅机构虽然围绕列宁格勒筑了三道防线，但因兵力不足，各条防线均兵力薄弱，其中最外面的以卢加城为中心的，南起伊尔门湖西岸希姆斯克，沿卢加河一字摆开，至卢加河出海口金吉谢普，全长300公里的卢加防线，只有4个正规步兵师、3个民兵师和一些军校学员在防守，单靠这些兵力是无法阻止德军的进攻的。

想到这，他犹疑了一下，向斯大林请求说："斯大林同志，我清楚我的职责，我会不遗余力地去完成党和人民对我的嘱托。但是，我们这里兵力薄弱，能不能再给我调几个师来。"

斯大林颇为不快地说："现在到处都向我求救兵，我到哪里去找这些救兵？现在我连一个营也派不出，你自己去想办法吧！"

伏罗希洛夫碰了钉子，他了解斯大林的脾气，只要他拒绝了的事，你再怎么哀求也没有用，相反还会引起他的反感，只有自己想办法了。

德军北方集团军群的主要方向应该在列宁格勒西南和南部，北部只是次要方向，而且担任北部进攻的是芬军，战斗力相对比较弱。伏罗希洛夫决定：从北方面军调出6个师又1个旅，参加卢加河一线的防御，同时动员列宁格勒人民行动起来，加固卢加防线。

苏联军民在卢加防线上拼死抵抗，使勒布的北方集团军在卢加防线前裹足不前。

在勒布的司令部里，有人建议印发请帖给各兵团和部队的司令官，邀请他们参加预定在"阿斯托里亚"旅馆举行的庆功宴，使进攻的部队以为，德

军的胜利已经指日可待。

勒布希望，这份请帖变成一个号召、一种奖品、一笔预支或一种提示。在各个集团军里纷纷传说，这份请帖是按照元首本人的指示印发的。

但这一切都是白费心机，勒布的部队虽然一再企图突破卢加防线，但始终没有成功。

待在"狼穴"的希特勒再也待不住了，他决定亲自到勒布的司令部走一趟，上前线督战。

7月20日夜，希特勒的专车从"狼穴"出发，开向勒布的司令部所在地普斯科夫。

一路上，希特勒没有心思观赏外面的风景，只是一门心思看着一张北方集团军群的作战地图，目不转睛地注视着地图上一个标着列宁格勒字样的粗大黑点。

"为什么？为什么勒布在军事上背运呢？在头两个星期，战争不是都按照自己的预定计划发展的吗？现在为什么会突然出乱子呢？这个在法国战役中赫赫有名的将军为什么在苏联老百姓匆忙凑合起来的防线面前却踏步不前呢？"

老勒布身材瘦长，动作有些迟缓。他不但在军事上积有丰富的经验，而且处世圆滑。他认真研究过希特勒的性格。他知道，无论哪一个高级将领，如果引起元首怀疑，认为谁没有能力去完成自己交代的任务，他就会立即被元首赶下台。

勒布见希特勒不辞辛苦来前线，他知道这既是自己的荣耀，又是对自己的最大的不信任，自己必须小心翼翼伺候他，要不然自己的宝位就不稳了。

第二天早上9时左右，勒布带着三位将军急匆匆来到希特勒的专列上。

希特勒见勒布来了，只是冷淡地向这个已经有点老态的65岁的元帅伸了下手，并向元帅的随行人员微微额首招呼了一下，他没有请任何人坐下。

老勒布简单介绍了一下战况，然后想向元首解释自己的部队为什么直至现在还没有突破苏军的防线。

希特勒冷冷地看了一眼勒布，不耐烦地说："我不想听你介绍糟糕的战局，更不想听你解释！我给你两个集团军、一个航空队，给你占领布尔什维克第二首都的机会和光荣，但是你却在一条临时组织的防线面前停止了自己的步伐，这简直是给你自己丢脸，你太让我失望了！"

希特勒越说越气，他嘴唇发青，吐沫四溅。略略停了一下，稍稍缓了一口气，然后冲着低眉垂首的勒布说了句："我们看地图去吧！"

勒布听到这句话，略微松了一口气，赶紧走到地图前。希特勒开始喋喋不休地说道："你应该停止对卢加防线的正面攻击，在防线的西翼集中力量猛攻，就是在这里，诺夫哥罗德，和这里，金吉谢普。要猛攻，不要给敌人以任何喘息之机。

"彼得堡一定要在最近几天内拿下来，只有如此，俄国在芬兰湾的舰队才会丧失作用。如果俄国的潜水艇失去了在芬兰湾和在波罗的海上的基地，那么它们就得不到燃料，它们就片刻也支持不住了。此外，瑞典的铁矿石才能源源不断地供应我们。如果兵力不够，你可以把中央集团军群的第三装甲集群调过来。"

勒布犹疑地问了一句："元首，你是说，德军下一步的行动重点不是放在莫斯科？而是放在北路，也就是彼得堡吗？哈尔德的参谋部不是一直鼓吹应将进攻的重点放在中路吗，在他们看来，只要占领苏联首都莫斯科，战争也就宣布结束。"

"莫斯科的确很重要，但是现在我看来，他只不过是一个地理概念而已。占领和毁灭莫斯科应该是大戏的尾声，在此之前，应先在南方和北方取得决定性的胜利。特别是彼得堡，这个一直令我魂牵梦绕的城市，自然是应先占领，而且要彻底毁灭它。占领和毁灭这个城市，不仅可以取得巨大的战略利益，让德国严严钉死俄国彼得大帝打开的'欧洲之窗'，把波罗的海变成德国的内海，而且通过占领布尔什维克主义的摇篮，还能瓦解敌人的反抗意志，摧毁他们的士气。你必须尽一切力量、不惜一切代价占领它。

"至于对彼得堡的善后处理问题，我们一定要残暴，要让每一个俄国

人吓得发抖！我们要把旧世界毫无意义的法律、旧世界的犹太—基督教的传统踏在脚下。我们不需要俄国，既不需要敌对的俄国，也不需要友好的俄国，我们只需要一片东方的土地。所以，我们决不能接受不论是彼得堡，还是莫斯科的投降。你们必须使它们化为乌有，化为灰烬，让他们在地球上消失。"

勒布从希特勒那里回来，内心充满了矛盾。一方面他又多了一个战斗力极强的坦克集群，这为他更自由地运用军力提供了一定的余地；另一方面他感到压力也更大了，这就像赌博一样，赌注越大，一旦输了，付出的代价也越大。勒布明白，如果自己不能如期完成元首给他下达的任务，他的乌纱帽就保不住了，可能连命也难保。

在以后的3个星期里，勒布出动29个师的兵力，约1200架飞机，1500辆坦克，1200门火炮，对卢加防线发动了一次又一次猛攻。

炮弹将卢加河畔的土翻了个个儿，苏军顽强抗击，但是德军凭借优势兵力发动了一轮又一轮攻击。

至8月8日，德军终于在金吉谢普附近撕开了一个缺口；4天后又在中路突破了苏军阵地。德军以每天2公里的速度向前推进。尽管推进的速度与战争初期相比大大减慢了，而且德军每向前推进一步，都要付出巨大的代价，但是德军的进展仍旧给列宁格勒带来了极大的威胁。

9月8日，德军占领了施吕瑟尔堡，切断了列宁格勒与外界联系的最后一条陆路交通线，已将列宁格勒三面包围，只有拉多加湖一边有一条通道可以与苏联其他地区相连。包围圈也变得很小，德军的大炮已经可以直接攻击列宁格勒市区了。在勒布看来，列宁格勒已经唾手可得。

德军的大炮和飞机开始对列宁格勒城区狂轰滥炸，列宁格勒的处境已十分艰难。

斯大林对列宁格勒的局势十分担忧。德军集中兵力进攻列宁格勒，很显然是想在短期内夺取列宁格勒，迅速与芬军会师，然后挥师莫斯科，从东北方向实施迂回，如果不能及时采取反措施，德军就会占据战役战略的主动

权。

斯大林指示正在前线指挥作战的朱可夫立即赶回莫斯科，接受新的任命。

9月9日晚，朱可夫风尘仆仆地赶到斯大林的住处。莫洛托夫和其他政治局委员都在座。斯大林正全神贯注地看着列宁格勒形势图。人们都默不作声地坐着。

他见朱可夫进来，离开地图，对朱可夫说："我们多次研究了列宁格勒的局势，一致认为那里的形势很严峻。我们同列宁格勒的陆上联系已经被切断，军队和居民的处境都很困难。现在芬军正从北面进攻卡累利阿地峡，得到坦克第四集群加强的德军北方集团军群正从南面向列宁格勒进攻。听说伏罗希洛夫对列宁格勒的未来已经不抱希望了，他甚至跑到前线去，希望被德国人打死。看来指望现在的方面军领导已经无力阻止德军的进攻，希望你能到那里去，接替伏罗希洛夫指挥方面军和波罗的海舰队。"

朱可夫表示坚决服从。不过，他提了一个条件，要求带三位将军去，替换在列宁格勒连续作战多日、已经极度疲劳的伏罗希洛夫等将军。斯大林很爽快地答应了。

朱可夫说：我就带霍津中将、费久宁斯基少将和科科佩夫少将去吧！

9月9日，朱可夫一行4人乘专机飞抵列宁格勒。他们一下飞机就直奔方面军司令部所在地冬宫。他们到时方面军军事委员会正在召开会议，讨论一旦扼守不住列宁格勒，应采取什么措施。

朱可夫对此立即提出了不同的意见。他说："我们必须坚决保卫列宁格勒，直至最后一人。"

随后，朱可夫对方面军进行了改组，费久宁斯基被任命为副司令员，霍津为参谋长，并当场宣布撤换第四十二、第八集团军司令员的职务。

朱可夫上任后立即着手整顿部队的纪律。当他巡视到第八集团军时，见那里的军纪松弛，一些人没有接到上级的命令就退出了战争，有些人甚至一听到枪声就跑。

朱可夫决定采取最严厉的措施，拯救列宁格勒。他颁布命令，处决一批严重失职者。与此同时，他雷厉风行，对机关进行了改组，彻底改变机关的作风，坚决纠正不负责任、形式主义的作风。

形势十分严峻。勒布的部队不惜一切代价向列宁格勒南方要冲发动猛烈的进攻。朱可夫没有急于采取行动，9月10日晚至11日晨，朱可夫同助手们彻夜未眠，精心制订了一份城防计划。朱可夫命令：

从市区防空部队撤出部分高射炮，将其配置在列宁格勒最危险的地域，对敌实施直瞄射击，加强对德军坦克的防御；以全部舰炮火力支援乌里茨克—普尔科沃高地的第四十二集团军；在各主要方向上建立纵深梯次防御，布设地雷，设置电网；从卡累利阿地峡抽调第二十三集团军部分兵力支援第四十二集团军，以加

二战时的苏军士兵（俄二战博物馆模拟场景）

强乌里茨克地区的防御；立即组织新部队。

这时有人问了一句：到哪里去组建新部队呢？

朱可夫说：据我了解，波罗的海红旗舰队水兵和内务人民委员部人员，加上列宁格勒军事院校的学员，估计可以组建五六个独立步兵旅。

最后，朱可夫指出：由于德军最近进攻十分猛烈，我军的防线已经被冲乱，现在应重整防线，组织起一条新的防线。防线的北部从芬兰湾的斯特列尔纳起，经西南的乌里茨克，正南的普尔科沃，东南的科尔皮诺，然后沿涅瓦河到拉多加湖西岸的什利谢尔堡。

果然不出朱可夫所料，德军对乌里茨克和普尔科沃高地发动主要突击。这两个高地控制着通往列宁格勒的公路，直接危及列宁格勒的安危。朱可夫指示要严防死守，绝不能后退。

德军还是突破了苏军的防御，在付出巨大代价后，占领了索斯诺夫卡、芬兰科伊洛沃，逼近乌里茨克。

哈尔德兴奋异常，他不停地向自己的参谋说，我们已经打开了一个很大的缺口，勒布的部队正源源不断地向列宁格勒城堡内的防线挺进，占领列宁格勒已经指日可待了。

希特勒更是乐得合不拢嘴，他在阴冷的"狼穴"里走来走去，说："你们看看，我的决策有多么的英明，现在列宁格勒已经是我的口中之食，很快就会被我嚼碎。到那时，我们就能如我预想的那样，尽快将北方的部队调往莫斯科方向，看来，占领俄国的闭幕式不久就能在莫斯科圆满完成了。"

朱可夫意识到，列宁格勒的防御已到了最紧要的关头，只要能够顶住德军的这一次进攻，德军的攻势将很快被化解。朱可夫决定，将方面军的最后一个预备队——步兵第十师投入战斗，尽管这要冒很大的危险，但这对苏军能否保住列宁格勒来说也是最后的拼搏。

9月14日晨，在短促而猛烈的炮火准备之后，步兵第十师与友邻部队协同，在航空兵的支援下，对德军实施迅猛的突击。德军没有想到苏军会突然

发起反击，一时大乱，德军被迫放弃了索斯诺夫卡和芬兰科伊洛沃，苏军迅速恢复了原来的态势。

勒布对苏军的战斗力有些吃惊，苏军是从哪里突然冒出来的？他们是不是发现了我们的进攻主要方向是乌里茨克，把其他地域的兵力调到这里？

想到这，勒布既有点失望，又有些高兴。失望的是，德军未能一举突破苏军的防线，迅速占领列宁格勒；高兴的是，苏军的其他地域可能设防较空虚，这就为德军在其他地域突破苏军的防线提供了有利条件，必须迅速对苏军防御的薄弱部位实施更猛烈的进攻。

勒布命令，向苏军第四十二集团军与第五十五集团军接合部实施凶猛进攻，攻占普希金城，然后从左面迂回普尔科沃高地，从右面迂回科尔皮诺，从而突入列宁格勒。

然而，在勒布心里，失望还是大大地超过高兴。因为，对他来说，时间已经不多了。

9月6日，元首已经下达了第三十五号命令，确定9月底发起莫斯科会战。元首要求他迅速同在卡累利阿地峡实施进攻的芬兰各军建立联系，合围正在列宁格勒的苏军集团，以便最迟在9月15日为德军在中路的进攻创造条件。到那时，赖因哈特的坦克第四集团军和一部分空军将依照希特勒的命令转交给中央集团军群，15日之前如果不能攻下彼得堡，他将更没有能力去攻占彼得堡。

勒布也非常清楚，要在希特勒那里争取延缓将第四集团军等部队转交的时间是十分困难的，但是他需要这几天宝贵的时间。

在万般无奈的情况下，勒布决定使出最不情愿的一招，致电总参谋部，要求准许他推迟四五天再执行大本营要他把部分兵力转交给中央集团军群的命令。同时，他信誓旦旦地担保，他将在几天内占领彼得堡。为此，他专门写信给极力主张集中力量进攻莫斯科的总参谋长哈尔德，希望他能支持自己的请求。

勒布的请求得到同意，准许他推迟4天。

哈尔德在命令的最后加上了一句意味深长的话："许多事情和许多人的前途将由这4天决定。"

勒布明白，这是一种威胁，尽管他对许多人的命运并不关心，但是他知道，这许多人中也有自己。只有4天了，也就是96小时，这些时日决定彼得堡的命运，也许还有他本人的命运。不过，在西线曾一路凯歌的勒布还是相信，车到山前必有路，4天的时间还能扭转局面。

勒布的努力总算取得了一些进展。9月16日，德军第二十八和第五十军分别在斯卢茨克东西两翼突入苏军防御，德军第三十八军一部也逼近了列宁格勒西南郊的乌里茨克。至此，勒布的北方集团军群大体实现了包围列宁格勒的第一期计划，苏军的形势更加危急。

然而，德军的进攻速度就像蜗牛爬行一样慢，他们的推进速度从7月份的每天的5公里下降到9月一个月的不到2公里。而距希特勒规定的时间只有一天了。

勒布决定不惜一切代价，做最后一搏。

19日，勒布的炮兵对列宁格勒实施连续17个小时的攻击，并出动飞机对该市进行了6个波次的轰炸，出动飞机近300架次，企图以此摧毁列宁格勒军民的抗战意志。但是，列宁格勒军民顶住了德军的最后攻击，挫败了勒布的最后一搏。

此后，德军的精锐部队被逐步调离，除第三十九装甲军外，第四装甲集群和第三装甲集群的第五十七装甲军均被调往莫斯科方向。不久，第十八航空军也转给第二航空队，德军再也无力全线进攻列宁格勒了。苏联北部的局势逐渐稳定了下来，但是列宁格勒军民的反围困斗争还远没有停止。

保卫之战

第二次世界大战欧洲战事

列宁格勒战役

　　列宁格勒是伟大的十月革命的摇篮，是苏联的第二大城市，重要的海港和铁路、河运枢纽，也是苏联波罗的海舰队的重要基地。希特勒在制订"巴巴罗萨"计划时，就强调要攻占"布尔什维克主义的发祥地"列宁格勒，并狂妄地叫嚣一定要把这个城市"从地球上抹掉"。战争开始时，希特勒妄图占领这个城市，但未能得逞，而后进行了长达900天的围困作战。

德军占领
什利谢尔堡

　　列宁格勒这座英雄的城市，不仅在政治上有"苏联第二首都"之称，在经济上是苏联最大的工业中心，而且在军事上的地位也十分重要。它是苏联第二大运输枢纽，共有10条铁路线通过这里，因此在国防上具有极为重要的意义。

　　希特勒认为，只有在保证占领列宁格勒之后，"才能继而打好占领莫斯科这个重要交通枢纽和国防工业中心这场进攻战"。因此，在希特勒的对苏战争中，他是把占领列宁格勒这一战略要地看做是一项"刻不容缓的任务"。

　　为了确保能够一举拿下列宁格勒，希特勒任命曾经指挥德军突破法国"马其诺防线"的陆军元帅冯·勒布为北方集团军群指挥官，统率的兵员达70万人，配备了约1200架飞机、1500辆坦克、1.2万门火炮，并限令勒布务必根据"巴巴罗萨"计划的规定日期，在1941年7月21日之前拿下列宁格勒。

　　希特勒甚至狂妄地宣称，届时他不仅要前往列宁格勒"皇宫广场"检阅军队，而且还要在列宁格勒"阿斯托里亚"饭店举行盛大的祝捷宴会。

　　1941年6月22日拂晓，苏联西部伴随有阵阵发动机的轰鸣声，五颜六色的星光越过无形的空中国境线，1000多架机翼上涂有纳粹标志的飞机闪电般地闯入苏联领空，对苏联腹地的机场、军事指挥部和交通中心泻下瀑布般的弹雨。

　　紧接着，7000多门各种口径的火炮同时对准早已瞄好的目标开火。一时之间，苏联西部边境炮声隆隆，硝烟弥漫，火光冲天。

大地在颤抖，山河在震荡，战火在燃烧，腥风血雨席卷整个苏联大地……希特勒的"巴巴罗萨"计划开始了。

其中，勒布统率下的北方集团军群，6月22日在大量航空兵的支援下，从东普鲁士的哥尼斯堡向苏联波罗的海沿岸地区发起进攻。

战斗一打响，德军就轻而易举渡过涅曼河这一水上天堑，长驱直入向苏联腹地进发。

在辽阔的北方战线上，德军北方集团军群的先头部队第五十六摩托化军，在开战后的24小时内就深入苏联境内40多公里。

6月25日，德军坦克部队推进到离陶格夫匹尔斯只有70公里的乌提那。

6月26日，德军装甲集团的先头部队离维尔纽斯和列宁格勒之间的主要铁路中心陶格夫匹尔斯几乎不到8公里的路程了。至此为止，在短短的4天内，德军装甲部队就翻山越岭、攻城略地，向苏联腹地推进达300公里。

为了完好无损地一举拿下陶格夫匹尔斯市内的一座大型公路桥和一座铁路桥，便于后续部队能够迅速越过西德维纳河，德军"勃兰登堡—800"特种部队一部，驾驶着缴获来的4辆苏制军用汽车，身穿苏军军服，口操流利的俄语，混进陶格夫匹尔斯市内，出其不意地占领了这两座桥梁。

陶格夫匹尔斯的失守，使得奥斯特罗夫—普斯科夫—卢加—列宁格勒一线因失去了天然屏障而完全暴露在德军面前。

7月1日，随着拉脱维亚苏维埃社会主义加盟共和国首都里加的失守，列宁格勒的形势越发险恶了。

4日，德军又突破奥斯特罗夫—普斯科夫防区内的斯大林防线。

9日，防守普斯科夫的苏军在经过一场血战后不得不放弃该城，退往诺夫哥罗德。于是，希特勒法西斯的铁蹄终于在闯入苏联大地之后踏上了列宁格勒州的地界。

就在北方集团军群向列宁格勒全力推进的时候，部署在列宁格勒北面芬兰一侧的两个芬兰集团军，为了配合德北方集团军群进攻列宁格勒，也于6月底分别在彼德罗扎沃茨克和维堡方向，对苏军北方方面军发起猛烈的进攻，

企图从北、东两个方向与德军一起完成对列宁格勒的全围。

在这种情况下，进展顺利的德军第四装甲集团军司令赫普纳上将得意忘形地宣称，现在只要一举突破卢加河，他就拿到了打开通往列宁格勒大门的钥匙。然而，列宁格勒的英勇保卫者们，是绝对不会轻易交出这把金光闪闪的大门"钥匙"的。

就在列宁格勒面临三面受敌的危急时刻，苏军统帅部于7月10日任命伏罗希洛夫元帅为西北方向指挥部最高军事负责人，日丹诺夫为军事委员会委员，并责成他们两人统一指挥西北方面军和北方方面军的作战行动。

与此同时，指挥部紧急动员百万列宁格勒居民夜以继日地沿着卢加河畔，构筑一条以卢加城为中心，南起希姆斯克，经卢加，北到金吉谢普全长约300公里的卢加防线，并在这条防线上部署了由4个步兵师和1个坦克师组成的卢加作战集群。

其主要任务就是阻滞德军前进，以争取尽可能多的时间在列宁格勒附近周围再构筑第二、第三条防线。也就是为列宁格勒争取尽可能多的准备时间。

7月11日，德军坦克部队突破卢加防线外围据点波尔霍夫，朝着希姆斯克猛扑过来。

就在卢加作战集群与优势的德军拼死作战的同时，苏军统帅部为减轻卢加作战集群的压力，命令西北方面军所属的第十一集团军从旧鲁萨前出到希姆斯克西南方向的索耳策地区，对德第四装甲集团军的翼侧实施强有力的反突击。使德军损失飞机400多架，坦克120多辆，伤亡1万余人，迫使德北方集团军群司令勒布于7月19日下令暂停进攻，并不得不在卢加河畔据守待援达一个多月，从而为列宁格勒军民赢得了极为宝贵的准备时间。

经过双方的紧急调兵遣将，8月8日上午10时，德军首先从卢加河下游向苏军发起猛攻，德军的大炮在滂沱大雨中一齐瞄准苏军阵地轰击，顿时卢加河上弹雨如注，恶浪排空。德第四十一摩托化军所属第一、第六两个坦克师不顾恶劣的天气，向着列宁格勒一金吉谢普一纳尔瓦铁路线以南的一片开阔

地疾驰而来。

8月9日凌晨，经过一天激战，德第一坦克师占领伊兹沃兹。10日，德军以第一坦克师为先导，继续推进到列宁格勒的莫洛斯科维策车站附近，这就使得德军随时都有可能切断加特契纳至纳尔瓦的铁路交通，使苏军纳尔瓦、金吉谢普、爱沙尼亚3个作战集群陷入极端困难的境地。

为此，苏军北方方面军紧急命令新组建的列宁格勒第一近卫民兵师开赴这一地区投入战斗。

8月12日凌晨，这支民兵部队经过长途跋涉之后尚未来得及休整即与德军展开激战。后来，由于缺乏重装备，无法抵抗德军重型坦克的凌厉攻势，该民兵师才在给德军以重大杀伤后撤往金吉谢普。

8月13日，金吉谢普防区的激战继续进行，德军在遭受重大损失后，于当

战场上的坦克（油画）

天下午15时突破第十一近卫民兵师据守的防线，占领了莫洛斯科维策车站，切断了金吉谢普至列宁格勒的铁路和公路线。

在卢加河上游的苏军防线左侧，德军于8月11日开始向希姆斯克地区发起进攻。12月，德军沿着伊尔门湖西岸猛攻苏军西北方面军指挥部所在地——诺夫哥罗德。经3天激战，苏军开始后撤，卢加至诺夫哥罗德的铁路线也被德军切断。德军这时用肉眼就能隐隐约约地望见诺夫哥罗德市内的许多建筑物的顶了。

8月15日下午18时左右，德步兵在坦克的掩护下突破苏军第一道防线，推进到该市市郊。

16日清晨，苏军被迫从诺夫哥罗德撤出。诺夫哥罗德的失守，不仅使防守卢加弧形地带的苏军部队处于腹背受敌的困难境地，而且也使德军有可能前进到楚多沃，从而切断列宁格勒通往莫斯科的10条铁路线。

苏德战场（二战博物馆模拟场景）

事实上也确实如此，德军占领诺夫哥罗德后，就立即向东北方向的楚多沃挺进。同时，以部分兵力准备越过沃尔霍夫河，占领提赫文，切断列宁格勒同苏联内地的铁路交通联系。

在卢加河中游防区内，虽然德军用两个师的兵力，于8月10日凌晨4时向卢加发起攻击，但在当地苏军的顽强抗击下，多次进攻均以失败而告终。

曼施坦因在德军一再失利的情况下，建议把第三摩托化师调往卢加河下游，以增强那里的进攻能力，加快向列宁格勒的进军速度。

这一建议被批准后，曼施坦因于15日挥师北上。与此同时，德军还以第五十摩托化军继续在卢加牵制苏军。

就在德军向卢加防线发起全线进攻的时候，列宁格勒北面的芬兰军队也以3个师的兵力紧缩包围圈，直逼拉多加湖，并在西南方向的克克斯戈利姆地区向防守卡累利阿地峡的苏第二十三集团军的侧翼频频发起攻击。

为了减弱德军的攻势，苏军统帅部命令西北方面军所属第三十四集团军利用德第十六集团军因主力北上而在旧鲁萨和霍尔姆之间出现的一个宽达80多千米缺口的机会，从旧鲁萨沿铁路线前出到德第十六集团军司令部所在地德诺地区实施强有力的反突击。

德北方集团军群司令勒布对苏军这一突如其来的凌厉攻势感到十分意外，他不得不重新命令正在北上的曼施坦因掉头南下，前往旧鲁萨地区为第十六集团军的被围部队解围。

8月21日，德军占领楚多沃，切断了列宁格勒通往莫斯科的十月铁路。

22日，德第十六集团军在曼施坦因第五十六摩托化军的增援下，不仅解除了几乎被苏军围歼的危险，而且还向前推进到旧鲁萨东南的洛瓦提河畔。

25日，苏第三十四集团军终因力量悬殊而不得不撤出洛瓦提河沿岸。

8月底，德军在卢加防线前遭受重大损失后进至距列宁格勒城南仅20千米的斯卢茨克—科尔平诺地区。

希特勒虽然对北方集团军群未能如期拿下列宁格勒不太高兴，但对勒布能在8月末挺进到列宁格勒城下还是私心窃喜的。为了加强北方集团军群的

力量，使其能一鼓作气迅速攻下列宁格勒，他命令正在莫斯科方向作战的第三十九摩托化军北上驰援攻打列宁格勒。

德军北方集团军群在得到加强后，迅速以9个师的兵力向列宁格勒再次发动进攻。而这时盖世太保部队为了在德军占领列宁格勒后，能够"迅速恢复秩序"，也紧紧地尾随大军后面，它们甚至连供各种车辆进出列宁格勒用的特别通行证都印制好了。

9月8日，德军占领什利谢尔堡，这就完全切断了列宁格勒与苏联各地联系的所有交通线，列宁格勒保卫者的处境更加困难了，现在他们只能经过拉多加湖和空中与外地保持着有限的联系。

16日，位于列宁格勒以南18千米、当年曾是老沙皇避暑胜地的普希金落入德军之手。

17日，列宁格勒一条电车线路的终点站亚历山大罗夫卡失守。这时，德军离列宁格勒市中心的皇宫广场仅有14千米，德军的大炮已经能够直接轰击列宁格勒市区了。真可说是名副其实的"兵临城下"了。

形势异常危急！但列宁格勒人民没有屈服，西北方面军司令员伏罗希洛夫元帅和军事委员日丹诺夫向300万列宁格勒军民发出紧急动员令：

列宁格勒面临着危险，法西斯匪军正向我们光荣的城市——无产阶级革命的摇篮逼近。

我们的神圣职责是：在列宁格勒大门口，用我们的胸膛挡住敌人前进的道路！

苏军民开辟
"生命之路"

兵临列宁格勒城下的德军，在苏军的顽强抗击下，已成了强弩之末。

1941年9月25日，遭受重大损失的德军，在列宁格勒军民顽强抗击下不得不转入防御，德军以武力占领列宁格勒的企图落空。

希特勒看到他的卐字旗已不可能挂到列宁格勒的城头，便决定严密封锁列宁格勒，妄图以饥饿和恐怖征服列宁格勒。他咬牙切齿地说："要把列宁格勒从地球上抹掉，即使列宁格勒要求投降，也绝不接受。应对列宁格勒实施大规模的空袭，特别是要炸毁那里的自来水工厂。"妄图以野蛮的轰炸和炮击切断城市与外界的联系，将全城困死。

希特勒的参谋长哈尔德在9月的日记中对这一饥饿战略作了形象的解释，他说："列宁格勒周围的包围圈还没有收紧到期望的程度，苏军在列宁格勒集中了庞大的兵力和大量的物资，考虑到我们力量在列宁格勒前的消耗，局势将继续紧张，直至饥饿配合我们发挥作用的时候。"

9月和10月份，德军对列宁格勒进行了猛烈的空袭，仅10月4日这一天，德军就持续空袭9个多小时。

应该说，希特勒的这一着棋是很毒辣的，特别是11月8日德军占领了提赫文后，从苏联内地向列宁格勒运送粮食的运输线完全被切断，它使300万列宁格勒军民陷入了一场前所未有的饥饿"大灾难"之中。

列宁格勒遭到陆上封锁导致粮食供应急剧恶化。

9月11月，居民的面包定量先后降低5次。11月20日，降至最低限量：高温车间工人每人每天375克，一般工人和技术人员250克，职员和儿童仅125

克。为此列宁格勒付出了近百万人的宝贵生命。

自从列宁格勒与苏联内地的铁路交通被完全切断后，拉多加湖就成了列宁格勒唯一能从外界获得粮食和其他一切必需品的水上生命线，可现在拉多加湖也仅仅剩下中间一段宽约65公里的水域不在德军炮火的射程之内。

拉多加湖，古时候称之为"涅沃湖"，面积18.4万平方千米，是欧洲最大的一个湖泊。它的南北长200多千米，东西最宽处达120多千米，湖的北岸

德军飞机投掷炸弹（油画）

和西北岸都是陡峭的悬崖岩壁，湖深达250米，而湖的南岸则是低平的砂土层和沙滩，湖岸也比较平整，湖深只有20多米。

在9月8日列宁格勒被围困之前，拉多加湖的水上航运业务主要是客运，而不是货运。湖的东西两岸都未建有大型现代化的港口设施和停泊码头，货物的吞吐量极其有限。再加上秋天的拉多加湖经常是大雾弥漫，狂风怒吼，而德军飞机又整天在湖面上空盘旋扫射，使许多满载粮食的平底驳船往往由

于风大浪急和躲避空袭而触礁沉没。

因此，如何切实保证城内300万军民的生活必需，就成了列宁格勒方面军当时所面临的一项头等大事。如果不能很好地解决300万军民的吃饭问题，坚守列宁格勒就只能是一句空话。

11月下旬，拉多加湖开始封冻，水上运输暂停，这使列宁格勒的粮食供应更趋紧张，在这饥寒交迫的日子里，死神随时随地都会夺走人的生命，列宁格勒城内每天都有数以千计的人因饥饿而丧生。

对于自己一手造成的"杰作"，希特勒得意忘形地狂叫："列宁格勒不久将会出现人吃人！"

在这面临被困死的危急关头，列宁格勒军民的唯一出路就是不惜一切代价牢牢地控制住拉多加湖南岸地带，并迅速采取果断措施，组织冰上运输。

早在11月9日，德军占领提赫文的第二天，列宁格勒方面军军事委员会就

作出决定，立即沿着靠近什利谢尔堡海湾那段已冰封的湖面，从西岸的鲍利索瓦——格里瓦车站和拉多加湖车站至东岸的列德涅沃修建一条冰上军用公路。

可是，要想在封冻的拉多加湖面上修筑一条运输公路真是谈何容易。列宁格勒的科学工作者在对拉多加湖结冰情况作了一次实地考察后，他们发现在靠近南岸风平浪静的浅水区内，一般在10月底至11月初就开始结冰了；而在什利谢尔堡海湾内打算修筑冰上汽车运输线的那一段湖面，一般要在12月中旬，个别地方甚至要在下一年元旦才能结冰。

另外，拉多加湖的冰层表面凹凸不平，坑坑洼洼很多，特别是在浅水区内，叠积的大冰块有时会形成高达5至10米的冰丘，其周围堆着一层厚厚的积雪，因而底下的冰层较薄，当载重汽车驶过这些地方时危险性很大，随时都有可能因冰面裂开而连车带人掉进冰窟窿里。

时间不等人！

被围的列宁格勒军民每时每刻都有人由于饥饿而躺下，他们急待从内地运进粮食、燃料和武器弹药。

但时至11月16日，拉多加湖冰层的厚度还仅有100毫米，这顶多可以供不载货的马拉雪橇勉强通过。

而要组织大规模的冰上汽车运输，冰层厚度至少需要达200毫米以上。根据水文工作者的测定，气温在零下10度时，湖面冰层厚度达到200毫米需要6昼夜，300毫米则需12昼夜；气温在零下15度时，冰层厚度达到200毫米需要4昼夜，300毫米则需8昼夜。

11月18日清晨，拉多加湖面上刮起了期待已久的西北风，天气寒冷刺骨，至黄昏时分，气温骤然下降了12度。11月20日，湖面冰层的厚度已达到180毫米。

这时，列宁格勒方面军军事委员会认为：形势逼人，时不我待，他们决定立即用马拉雪橇在筑路勘探队员冒着生命危险以标杆标明走向的冰道上开始试验性运输，把堆放在湖东岸列德涅沃转运站的大量粮食和其他急需物资

迅速运往西岸的鲍利索瓦—格里瓦车站和拉多加湖车站。

尽管当时挑来赶马拉雪橇的都是从郊区集体农庄里精心挑出来的富有经验的好驭手，但在第一天的冰上运输中，还是有不少马拉的雪橇因冰面破裂而掉进了湖里。

另外，考虑到马拉雪橇不仅载运货物少，而且还要耗费饲料，特别是在遇到暴风雪时，极易迷失方向而掉进冰窟窿。所以，这种运输方式不久就被放弃了。

11月21日，修筑在离拉多加湖南岸12至13千米地方，也就是在什利谢尔堡德军炮火射程内的第一条冰上汽车运输干线，经过列宁格勒军民的劳动，胜利通车了。

第二天晚上，由60辆大卡车组成的第一列车队载着运往列宁格勒的货物从拉多加湖东岸的卡鲍纳出发，经冰上公路驶往西岸的奥西诺维茨。

就是这条后来昼夜通行的冰上公路在1941年至1942年间冬季列宁格勒处于饥饿围困最艰难的期间，连接了拉多加湖东西两岸的运输线，成了列宁格勒赖以取得外界支援的唯一通道，因而被列宁格勒军民誉为他们的"生命之路"。在"生命之路"刚通车时，拉多加湖的冰层还不是十分坚实，有些地段的冰层厚度只有240毫米。

卡车驶过时，冰层发出嘎吱嘎吱响声，随时都有被压裂的危险。在寒冷中行驶的司机不仅注意力要高度集中，而且还得把驾驶室的车门打开，以防万一遇到冰裂时能够迅速跳出驾驶室。

从11月23日至12月1日10天时间，虽然司机们历经千难万苦，但车队总共才为列宁格勒运来了800吨面粉，还不敷两天之需，然而在此期间，却有40名司机陷入冰窟窿之中。

1941年12月9日，尽管列宁格勒方面军在沃尔霍夫方面军的配合下，一举收复了提赫文，大大缩短了汽车运输的路程，运输状况却仍然没有得到多大的改善。

这是由于这年冬天气候反常，大雪弥漫，狂风呼啸，使湖面冰层经常

断裂，而从裂开的冰缝里渗上来的湖水很快又被冻住了，结果使湖面平如玻璃，又光又滑。汽车在这样的冰面上行驶时不仅车轮经常会空转打滑，而且方向也极难把握，有时狂风甚至会把满载货物的汽车刮离冰上车道五六米远。

此外，德军为了破坏冰上运输，也不断派出飞机盘旋在拉多加湖上空，对车队进行疯狂的轰炸扫射；什利谢尔堡的德军炮兵则干脆集中瞄准一段宽达5公里至10公里的冰面一下子就送上数以千计的高爆炮弹，造成冰面裂缝重重，弹坑累累，车队一时无法安全通过。

为了提高冰上运输速度，确保行车安全，列宁格勒方面军军事委员会决定立即在什利谢尔堡德军炮兵射程之外的安全地带另外开辟4条单向公路线：其中两条供满载货物的汽车从湖东岸驶往西岸；两条则供载着疏散到大后方去的列宁格勒居民的回程汽车驶回东岸。

尽管这样，当时经过这唯一的"生命之路"运进列宁格勒的货物还不到最低限量的1／3，列宁格勒的困境仍没有解脱。

为了进一步提高运输速度，列宁格勒方面军一方面派出大量的高炮部队负责保护"生命之路"的安全，一方面派出大批得力的政工干部前往汽车司机和公路养护人员中间进行宣传鼓动工作。

在这条被称之为"生命之路"的冰上运输线上，司机们每增加一公斤的货运量都得付出大量的血汗甚至是宝贵的生命。

隆冬季节，他们冒着零下三四十度的严寒和10级以上的狂风，日日夜夜地行驶在百里冰封的湖面上，一面把粮食、燃料和其他急需物资运进被围困的城市里，一面又把妇女、儿童、伤员，以及最重要的设备和文化珍品撤离该城。

司机们为了多装快跑，力争在一昼夜内驾车跑两个来回，彼此之间展开了热火朝天的竞赛。他们24小时内连续4次越过拉多加湖的冰上运输线，行程达700多千米。

他们不辞辛劳，吃、睡都在冰上的帐篷里，每天驾车行驶长达16个至18

个小时。

由于采取了各种强有力的措施，经拉多加湖"生命之路"运进列宁格勒的货物量开始一天比一天多起来了，货运的速度也一天比一天快起来了。

随着运进列宁格勒的粮食日益增多，市内的粮食储备有所增加。

1942年4月，日丹诺夫有一次很风趣地对人们说："好啦！现在我成为一个富人了，因为我已有了12天的粮食啦！"

就这样，传奇般的拉多加湖"生命之路"，终于使列宁格勒军民战胜了饥饿的威胁，从而彻底挫败了希特勒妄图困死列宁格勒人的罪恶计划。

苏德战场（俄二战博物馆模拟场景）

苏联取得
战役最后胜利

　　自从1941年9月德军兵临城下之后，尽管希特勒能够从望远镜里看见城里圣伊萨克斯教堂的穹形屋顶和海军部大厦的尖顶，但德军却再也不能越雷池一步。经过战斗炮火洗礼的列宁格勒军民，正时刻以一种老战士那惯有的镇静神情，警惕地盯着蓝色阴霾之中的德军前沿阵地，时刻准备着击退敌人的进攻。

　　1943年1月12日清晨，一尊尊威武雄壮的"马兰特"炮和"喀秋莎"火箭炮正在瞄向涅瓦河对岸的德军前沿阵地。当阳光刚刚穿过薄薄的云层，2000多门火炮和迫击炮就一齐发出了震天的怒吼，打破了严冬的沉寂，向着德军的阵地喷吐了万丈怒火。这是为了突破德军围困，苏军所实施"火花"战役复仇的怒吼。

　　1943年1月18日夜晚，当列宁格勒人从莫斯科电台播送的最后新闻节目中突然听到播音员以激动的声调大声宣告："封锁线突破了！""列宁格勒解围了！"这一期待已久的胜利喜讯使人们顿时热泪盈眶，奔走相告，甚至不顾外面正在下着的鹅毛大雪，一个个都兴奋得像个孩子一般跑出屋外。

　　"红军会师了！""乌拉！列宁格勒！""乌拉！斯大林！"的欢呼声响彻云霄。每一幢房子外面都被挂上镰刀锤子旗，以致到了第二天清晨，整个列宁格勒到处都闪耀着迎风招展的红旗，显得格外夺目动人。

　　继"火花"战役突破德军围困之后，1944年1月14日，列宁格勒人民盼望已久的大反攻又开始了。经过14天的激烈作战，苏军取得了重大胜利。

　　1944年1月27日，这是列宁格勒人永远都不会忘记的一天，尽管这一天

是个三九严寒的阴冷日子。因为列宁格勒方面军军事委员会正是在这一天晚上的祝捷大会宣布："列宁格勒现在已经从敌人的包围中，从敌人的野蛮炮击中获得了彻底解放。"列宁格勒人民终于取得了战役的重大胜利。

历时长达900天之久的列宁格勒战役，在世界人民的反法西斯战争中，具有重大的政治和军事意义。虽因冻饿致死64万余人，被德军空袭和炮击致死2.1万人，但是这场战役不仅坚定了苏联人民抵抗德国法西斯的斗志，鼓舞了他们的胜利信心，而且还消耗了法西斯德军大量的有生力量，把兵力雄厚的北方集团军群始终紧紧地拖在西北战场上，为世界人民最终战胜法西斯，立下了不可磨灭的功勋。

苏军大炮开始还击（俄二战博物馆模拟场景）

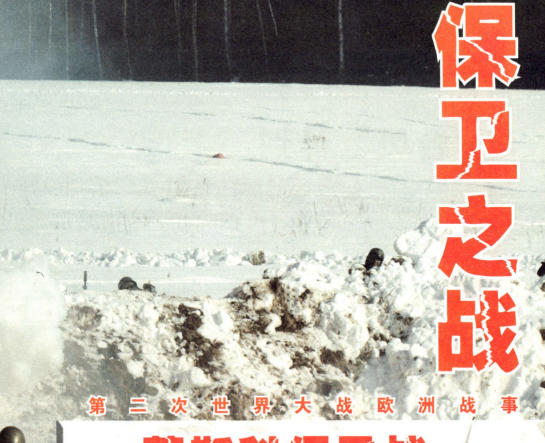

保卫之战

第 二 次 世 界 大 战 欧 洲 战 事

莫斯科保卫战

　　1941年6月，德军在实施"巴巴罗萨"计划时，其中央集团军就直接向莫斯科进发。8月上旬，德军攻占斯摩棱斯克，其后，古德里安的装甲部队到达莫斯科外围。12月5日，朱可夫带领苏军发动大规模反击，1942年4月，进攻莫斯科的德军被击毙击伤16万余人，被苏军赶到了距离莫斯科100乃至350公里以外的地带。

"台风"计划
顺利实施

1941年9月21日午餐时分，东普鲁士腊斯登堡。希特勒的大本营仿佛凝聚了整个德国的那种急不可待和幸灾乐祸。盛满冰块的银质小桶里放满了一瓶瓶法国香槟酒，侍者们把夹有鱼子酱、火腿和鲑鱼的面包片分放到一个个的盘子里，酒杯里斟满了白兰地、威士忌、杜松子酒……

希特勒满面红光，就连说话的声音也似乎比平时温柔了许多，在餐桌旁开始了他那著名的"室内演说"：

6月22日早晨，世界上最大的一次战役开始了。一切都按计划发展，我们在北翼围困了列宁格勒，在南翼占领了基辅，在中央攻占了斯摩棱斯克，通往莫斯科的门户已被我们打开了！

突然，希特勒用手一拍桌子，"砰"的一声，力量之大使桌子上五颜六色的酒杯有几个倒下，里面的酒洒了一桌子。希特勒接着说："我已经决定，我们下一个进攻的目标就是莫斯科！莫斯科将在冬天到来之前被摧毁，完全从地球上抹掉！"

说完，在座的德国军官们不失时机地赶紧全体起立，端起酒杯，室内响起一片酒杯的碰撞声、笑声……

9月30日，希特勒亲自签订了进攻莫斯科的军事行动计划，此计划的代号为"台风"。

9月，对于莫斯科人民来说应该是最美好的季节，莫斯科郊外的森林被镀

上了一层金黄色，苍山翠松间的枫叶红了，山果黄了，就好像一幅色彩斑斓的美丽图画呈现在人们面前。然而，1941年的这一美好秋色却不能像往常那样给莫斯科人民带来欢乐。

此时此刻，法西斯的战车正在隆隆东进，一场猛烈的"台风"正在向着莫斯科刮来，保卫莫斯科的战争就要开始了。

莫斯科是苏联最大的城市和政治、经济、军事、文化和交通中心。它位于东欧平原的中部，莫斯科河两岸，同伏尔加河有河道相连接，战略地位极其重要。

1812年，拿破仑占领莫斯科并焚烧了这座城市，名将库图佐夫率领的俄国军队和人民一起打败了拿破仑并迫使他仓皇撤退。

十月革命后，苏联政府于1918年3月10日将首都由列宁格勒迁入莫斯科。

现在，法西斯暴徒正逼近莫斯科，这座伟大的城市将接受严峻的考验。

法西斯德军的准备可谓全面周到，他们和往常一样，打算以坦克重兵集团的强大突击力突破苏军的防御体系，并同步兵协同，合围与消灭保卫莫斯科的苏军主要兵力于维亚兹马和布良斯克地区。然后各步兵师开始从正面进攻莫斯科，而坦克和摩托化集团则从南北两翼迂回莫斯科。

9月30日，德军中央集团军群由古德里安统帅的坦克集群宛如一张弯弓，扣上了强劲的利箭，钢铁的箭头直指布良斯克和维亚兹马。

从乌克兰到莫斯科，古德里安的部队进展神速。10月里的一天，他和他的部队竟然挺进了80公里。不到3天，他们就占领了布良斯克战线以东200公里的奥勒尔。进展之神速，以至于当德军坦克隆隆开入奥勒尔城时，电车上的乘客纷纷向他们招手致意，这些乘客还误以为是苏军的装甲部队。

占领奥勒尔后的德军，迅速切断了布良斯克—奥勒尔公路，并一举攻占卡拉切夫，紧接着又向布良斯克迂回包抄前进。10月6日，布良斯克被德军攻占。

与此同时，德军第九和第四集团军分别以第三和第四装甲集群在杜霍夫

↑ 站在地图前的希特勒（蜡像）

希纳和罗斯拉夫利方向实施猛烈进攻。他们来势汹汹，像一股破坏力极大的飓风一样横扫而来。

德军迅速突破了苏军的防御阵地，并从南北两面，急速地向维亚兹马冲去。古德里安的坦克第二集团军与南进的德第二集团军一起，10月7日在布良斯克以南包围了苏军第十三集团军和第三集团军一部，在布良斯克以北包围了苏军第五十集团军的部分兵力。

10月13日，被围的苏3个集团军虽经英勇抵抗，但大部被歼，一部分退守在莫扎伊斯克防线，有的在敌后展开游击战。

至此，"台风"计划的第一阶段行动已告完成，莫斯科的第一道防线已被德军的钢铁洪流冲开一道可怕的缺口。

从10月13日起，几乎在通往莫斯科的所有重要作战方向上都开始了激烈的战斗：莫斯科西南160千米的卡卢加于13日陷落；接着离首都仅150公里的加里宁也被夺占；距离莫斯科仅100千米的鲍罗季诺也遭到了德军的致命一击。莫斯科处于十分危急之中。

第一阶段的顺利进展，使希特勒觉得东方战役的胜利已经指日可待了。

希特勒再也按捺不住激动的心情，他认为攻占莫斯科简直是探囊取物。于是，10月7日，希特勒专门签署了一项最高统帅部的命令：

> 不准包克接受莫斯科的投降，即使主动投降也不予接受；德国军队也不需要进入莫斯科，只需用炮击和轰炸予以毁灭。

另外，希特勒觉得光用炮火还不够，还需要加上大量的燃烧弹和高爆炸药，直至把莫斯科夷为平地才能解除内心深处对布尔什维克主义的仇恨。

德国法西斯处心积虑地要把厄运降落在莫斯科头上，如今它又确实疯狂地向她扑来！莫斯科——这座伟大的城市，着实让全世界屏住气息。

莫斯科
红场阅兵大典

莫斯科已成为最靠近前线的城市了。

在这生死存亡的紧急关头，以斯大林为首的国防委员会作出在莫斯科近郊歼灭德军的决定，采取攻势防御的果断措施。

根据斯大林的指示，苏联红军依靠前线防御工事系统，组织了坚强的攻势防御，以削弱和消耗德军的有生力量，赢得时间，准备集中后备力量，在一定时机转入反攻，给德军以歼灭性打击。

在1941年10月的艰难日子里，负责保卫莫斯科的西方面军军事委员会发出了"告全军书"，其中写道：

> 同志们！在我国面临严重危险的时刻，每个军人的生命应该属于祖国。祖国号召我们要成为坚不可摧的铜墙铁壁，堵住法西斯匪帮去莫斯科的道路……

在当时莫斯科有一句很流行的话："苏联虽大，但已无处可退却，因为后面就是莫斯科。"就充分说明了当时的危急情况和莫斯科军民高涨的士气。

根据斯大林的命令，10月17日新建立了加里宁方面军，从莫斯科西北面阻击德军的进攻。

19日，国防委员会号召首都人民要不惜一切代价，配合红军，誓死保卫莫斯科。

20日，《真理报》发表《阻止敌人向莫斯科前进》的社论，动员全市人民在德军到达首都之前，用自己的鲜血把他们埋葬。莫斯科召开全市积极分子大会，号召全市人民把首都变成一座攻不破的钢铁堡垒。

在莫斯科最危急的日子里，全市人民积极响应党组织的号召，表现出了一种"临危不惧、气壮山河，誓与敌人决一死战"的英雄气概。

他们豪迈地说：敌人在哪里进攻，我们就在哪里歼灭他们！我们要在红场上为列宁而战斗，决不让纳粹的血手玷污列宁的陵墓！

人民群众的巨大支持，使前线的指战员深深地感受到，全城的人都在保卫首都，全国都在保卫首都，这给了他们进行莫斯科保卫战的巨大鼓舞。

朱可夫在他后来的回忆录中对此深有感触地说：

> 当我们谈到莫斯科保卫战的英勇战绩时，我们所指的不仅仅是军队英雄的战士、指挥员和政治工作人员的战绩。
>
> 在西方面军以及在而后各次战役中之所以能取得胜利，完全是首都及莫斯科军民团结一致和共同努力的结果，是全国、全体苏联人民对军队和首都保卫者进行有效支援的结果。

本来希特勒认为苏军没什么了不起的，只要他的装甲铁蹄稍向前驱，克里姆林宫就会握于己手，斯大林就会向他低头。

但是，随着苏军越来越强的抵抗和天气的变冷，慢慢地在希特勒的心头开始蒙上了一层阴影，很快他就意识到"斯大林是他真正的对手"。

1812年，拿破仑统帅着浩浩荡荡的法兰西大军横扫欧洲，但在莫斯科城下却大败而归。据说，那是上帝拯救了苏联，因为就在拿破仑胜利在望时，严寒突然降临。

历史总会出现某种惊人的相似之处。

1941年10月1日，莫斯科下了一场罕见的大雨；6日，莫斯科周围的广大地区就飘飘扬扬地下起了第一场冬雪。

保卫之战

越来越坏的天气使德军的"台风"计划开始时的那种神速，就好像突然踩了紧急刹车般一下子停了下来。

连绵的秋雨使许多河流决堤，大片大片的地区变成粘如胶状的沼泽，德军不得不听任烂泥的摆布。道路上的稀泥经常没到膝盖，乘车行进的大军不得不停下来，正在打仗的坦克也不得不撤下来，去拖拽陷在泥坑里的大炮和弹药车。步兵在泥泞中一步一滑，弄得疲惫不堪。

然而，在大雪中的德军真可说是"雪上加霜"。

11月3日，第一次寒潮袭来，气温一下子就降至零度以下，而且还正在迅速下降。

27日，一场突如其来的凛冽寒风，在不到两个小时的时间里，使莫斯科的气温降至零下40度。地面上结了厚厚的一层冰，德军的机械化部队终于又可以重新开动了。但是，把坦克从泥泞中解救出来的严寒却无情地摧残着那些不得不驱车作战的士兵。

冬天，使德军面临着更大的困难：后勤供应不足，缺乏防寒设施。许多士兵穿着单薄的夏衣，在凛冽的寒风中瑟瑟发抖，不少人严重冻伤。数以千计的德军士兵被冻成残废，许多人染上了使人寒战不止、全身无力的疟疾。

寒冷的天气使得大炮上的瞄准镜失去了作用。燃料常常冻结，汽油也冻成了黏糊状，发

动坦克时，得先在底下点火烘烤一阵才行。

抱怨、沮丧情绪开始在德军中漫延，许多人开始谈起1812年拿破仑的失败和俄国在塔鲁季诺的纪念碑。然而，冬天的来临，却使希特勒越加催促着法西斯德军向莫斯科发起新的更加猛烈的攻击。他要抓紧时间摧毁莫斯科！

严寒也同样给苏联军民带来了巨大的困难，他们不得不在寒冷彻骨的天气里挖防坦克壕、设置障碍物等。

但是，在严寒中长大的红军将士是在本土作战，供给和适应力要比德军强得多；苏军的机枪都披着枪套，以防止冻坏；武器上涂有冬季润滑油，使用非常灵活；士兵穿得暖暖的，足以御寒……

但斯大林不仅要使自己的将士们穿得暖和，而且还要使他们在精神上更加饱满，为了排除自开战以来的晦暗气氛，他决定在德军的炮火声中举行传统的红场十月革命阅兵式。

1941年11月1日，一辆黑色小轿车，把正在前线鏖战的朱可夫送进克里姆林宫。

汽车在一处台阶前停下，朱可夫走下车，疾步登上台阶。台阶上的两扇雕花大门同时打开。他进门后，沿着一条比较狭窄、但光线充足的走廊走了一段，然后从一条很普通的窄窄的楼梯登上二楼。

二楼的走廊宽敞多了，铺着红色的长条地毯，走过10多米，朱可夫来到一扇高大的深棕色大门前。

这条路他不知走了多少遍，现在确实依然照旧。他习惯地正了正军帽，扯了扯军上衣的下缀，准备进去见斯大林。斯大林只是通知他来克里姆林宫开会，内容并没有讲，但他认定情况肯定很重要，于是接到通知后就风风火火、马不停蹄地赶紧从前线回来。

朱可夫跨进门，他看到在一张铺着绿呢长桌的两边几乎坐着所有的政治局委员和国防委员会成员。斯大林坐在长桌一端。朱可夫与众人打过招呼后，在斯大林示意下坐在长桌的左侧一边。

斯大林缓缓站起身来，从桌子一侧慢慢走到朱可夫身后，然后说道：

"朱可夫同志，政治局和国防委员会有一个打算，今年的十月革命节，除了要召开庆祝大会外，还要在红场举行阅兵式。我们请你来，就是想听听作为直接负责保卫首都的方面军司令员你的意见，你认为如何？前线的形势允许我们搞阅兵式吗？"

斯大林的话音一落，长桌两旁所有的目光都以探寻的神色注视着朱可夫的脸。朱可夫清楚地知道，他的回答不管是肯定还是否定都事关重大。

在德军眼皮底下搞阅兵式，危险性是不言而喻的，否则斯大林也就不会请他来商量。可是在这样严峻的形势下，不仅隆重地庆祝节日，还搞阅兵式，这不仅能充分显示出对法西斯的蔑视，对本国军民的鼓舞，而且还能给全世界一切同情和支持者们一种莫大的宽慰。说到底，它甚至比在前线消灭法西斯几个集团军所引起的震动和反响还要大。

一想到这里，朱可夫便很坚定地说："这个想法我认为是可行的。据我们的观察分析，德军正在全线构筑防御阵地，各条战线上的进攻基本都已停止。这说明德军在最近几天内不会发动大规模的进攻。在前一段作战的严重损耗，加之不利于机械化兵团行动的恶劣天气，补给不足等，都不允许他们马上发动新的地面进攻。但是，危险是有的，这就是德军的空袭。"

说到这里，他停顿了一下，看到众人或是朝着朱可夫点头，或是相互对视着点头。

"你有什么建议吗？"斯大林不慌不忙地问道。

"我建议加强对空防御，增大高射炮的密度，同时，把友邻方面军的战斗机调一些到莫斯科附近待命。这样构成空中和地面双重打击力量。"

众人纷纷表示同意并作了一些具体的补充。

"我们的意见是一致的，"斯大林最后坚定地说，"就是说，阅兵式一定要搞，而且还要通过无线电向全国实况转播。"

11月6日上午，先是在马雅可夫斯基地铁站大厅举行了十月革命节庆祝大会，在雷鸣般的掌声中，斯大林作了演说：

同志们！今天是在严重情况下庆祝十月革命24周年的。德国强盗背信弃义的进攻和强加于我们的战争，造成了对我国的威胁……

而我们的国家，我们举国上下，却已经组成了一个统一的战斗堡垒，同我们陆海军一起，共同粉碎德国侵略者……

彻底粉碎德国侵略者！消灭德国占领军！我们光荣的祖国、我们祖国的自由、我们祖国的独立万岁！在列宁的旗帜下向胜利前进！

斯大林慷慨激昂的演说，回荡在莫斯科红场的上空，通过电波又传到前线的战壕、传到掩蔽所、传遍了苏联各地，使正处于法西斯铁蹄蹂躏之下的人民群众得到了极大的鼓舞，使全世界一切爱好和平的人们从中看到了希望。

11月7日中午，灰色云层压得很低很低，纷纷扬扬的雪片无声地飘落下来，落在圣母天主教堂巨大的圆顶上，落在克里姆林宫围墙外的红场上，落在红场上排成方队肃立的红军将士的身上。

塔楼上的大钟，敲了8下，斯大林等人健步登上列宁墓，这时没有掌声和欢呼声，整个红场一片寂静，甚至都能听得见雪片"沙沙"的落地声。

阅兵式开始了。最先走过列宁墓接受检阅的是身穿呢大衣、头戴皮军帽的军校学员方队，接着是穿着白色带帽雪地伪装服的摩托化步兵分队，穿着深蓝色呢大衣的水兵方队。最后是坦克编队隆隆驶过红场，那马达的轰鸣和履带转动所产生的巨响，震撼着红场，震撼着大地，也震撼着每一个人。斯大林默默地伫立着，目送着从列宁墓前列队走过的队伍，他们大多数就这样带着人民的期望，直接从红场开赴正在鏖战的前线。

德中央集团军群
疯狂进攻

　　1941年11月7日，希特勒正在设于腊斯登堡的"狼穴"大本营里，满心欢喜地等着博克能够给他带来攻占莫斯科的好消息，却万万没想到等来的竟然是红场阅兵这样一个绝妙的"好消息"。

　　斯大林在红场阅兵的消息，传到希特勒的耳朵里时，已是当天傍晚了。闻听此言。希特勒大发雷霆：

　　简直令人难以置信，斯大林竟然能在德国空军的机翼底下，检阅部队！这是对帝国空军的公然蔑视，蔑视！

　　希特勒歇斯底里发作了一阵了，觉得还不足以消除心头之恨，于是大声喊道：

　　哈尔德，你马上与博克联系，问问他，为什么在今天放过了俄国人？难道他对俄国连最起码的常识都没有吗？不知道11月7日这一天对他们有多么重要，因而对我们来说也就十分重要吗？

　　红场阅兵，这是一种挑衅，赤裸裸地挑衅！对这种挑衅，只能用炸弹加倍惩罚！告诉博克，今天晚上必须对莫斯科实施最猛烈的空袭！

　　恼怒之下的希特勒立即调兵遣将并敦促博克再次从地面进攻莫斯科。

　　按照希特勒的要求，德军将组成两大重兵突击集团，从莫斯科的西北和西南两翼实施突击。赫普纳的第四装甲集群与赖因哈特的第三装甲集群并拢，在施特劳斯第九集团军的配合下向沃洛科拉姆斯克、克林方向进攻，力争从西北接近并迂回包抄莫斯科，如有可能就从北面突破。古德里安的第二装甲集团军向高图拉、卡希拉、科洛姆纳进攻，从南面逼近莫斯科。而莫斯科以西宽大的正面，则由克鲁元帅的第四集团军实施攻击。

　　这样，在战役打响后，力求形成这样一种态势：在莫斯科周围，兵力部署犹如一个半张开的巨掌，上边是并拢的食指、中指、无名指和小拇指，下面是最粗的大拇指，中间则是密不透风的手掌心儿。

⊘ 在坦克掩护下前进的士兵

第二次
世界大战
欧洲战事

　　希特勒认为，这个"巨掌"对莫斯科既可以掐，又可以捏，直至将它死死地攥在手心里。

　　希特勒对他的这份"杰作"可说是极为满意，于是向部队下达了战斗指令：

　　从11月13日起，中央集团军群全线开始进攻，目标——莫斯科！

　　莫斯科成千上万的军民在"坚决死守莫斯科"战斗口号的鼓舞下，在最危急的时刻，在每一寸土地上与法西斯展开了拼死作战，使德军每前进半步都要付出无数血的代价。

但德军在开始的几天总算还给希特勒争气，进攻频频得手，推进速度虽说不是太快，但却一步步地向莫斯科逼近。

而随着德军的逼近，苏军的抵抗也越来越顽强，常常是打得整营、整团不剩一人。

至12月3日，德军第四坦克集团军在遭受重大损失后攻占了红波利亚纳。红波利亚纳在莫斯科西北郊，距莫斯科仅有27千米，从这里坦克最多一个小时便能抵达莫斯科城。

闻讯赶来的中央集团军群司令、陆军元帅博克站在塔楼顶部，手拿望远镜，当克里姆林宫尖顶那颗闪闪发光的红星尽收眼底时，他嘴里低声自言自语："看到了，红星……我总算看到莫斯科了……"

然而，博克当时怎么也没有想到，这不仅是他此生此世所能到达的距莫斯科最近的地点，而且也是德国军队第一次和最后一次看到莫斯科。

12月初，莫斯科已是寒冬季节。白雪皑皑的莫斯科郊外，凛冽的寒风裹着卷起的层层雪浪，阵阵呼啸，铺天盖地而来，就仿佛要把整个大地吞没似的昼夜不停。

温度计的水银柱在急剧下降。在这零下40多度的冰天雪地中，一些身着单衣，紧裹破毛毯的德国官兵在呼啸的北风中冻得瑟瑟发抖，他们一边哆嗦，一边捉身上的虱子。

在田野上、堑壕边、顿河冰水中，到处可见冻僵了的德国兵尸体，而那些已冻得奄奄一息的士兵们，望着越下越大的鹅毛大雪，在绝望中无可奈何地痛苦呻吟着。

12月4日，苏军第十六集团军在红波利亚纳地区发起反击。红波利亚纳镇几易其手，苏军与德军在镇外展开坦克战，镇内则进行巷战。战斗异常激烈，整整持续了一整天，直至天黑，苏军终于把德军逐出红波利亚纳。

与红波利亚纳地区相仿，莫斯科周围其他地区的战斗也是呈白热化状态，战斗的双方就犹如身处激烈角逐的足球场，德军的前锋已将球带入禁区，正在寻找一切机会企图"破门"而入，而苏军"后卫"也是拼命扑救、

补位，死死地保护着自己的大门。

德苏双方都是不遗余力，而且他们都知道这是最后关头，谁能坚持住，谁就能取胜。

12月5日，对苏军来说是整个莫斯科保卫战最关键的一天，而德军将领们则称之为"最黑暗、悲惨的一天"。

这一天，德军在环绕莫斯科周围320多千米的半圆形阵地上，全线被苏军制止了。

不仅如此，古德里安的那支所向无敌的装甲部队自踏平波兰以来，第一次被迫后撤，以便在坚硬的冰天雪地上组织起一道防线。然而，德国人已经什么都来不及了，苏军的反攻开始了。

12月6日，大雪铺天盖地，整个战区一片银白。朱可夫的西方面军首先从莫斯科的西北发起了反攻，接着在莫斯科前沿北起加里宁、南至叶列茨长达1000多千米的战线上，苏军7个军团和2个骑兵军——共计100个师全线出击。

听到反攻的消息和命令，红军将士们无不兴奋异常。半年来失败的耻辱、退却的痛苦、对入侵者的仇恨，此刻都将转化为一种巨大的能量，推动着他们对疲惫不堪的德军发起猛烈的攻击。他们都怀着这样一个心愿："是该出口气了，让法西斯看看上西天的路，也让他们尝尝背后挨枪子儿的滋味！"

反攻的第一天，科涅夫率领的加里宁方面军就突破了德军的防御前沿，越过封冰的伏尔加河上游之后，猛扑筋疲力尽的德军。他们进展神速，很快就插进德军第九集团军的右翼，到达了德军后方大约20千米的图尔吉诺沃。

第二十九、第三十一集团军在当天即渡过伏尔加河，对固守在加里宁的德军第九集团军的交通线构成严重威胁。第三十集团军在骁勇善战的列柳申科将军率领下，迅速击溃德军在德米特罗夫西北的抵抗，冲向克林地区，威胁着德军第三、第四坦克集群的后方。库兹涅佐夫率第一突击集团军在德米特罗夫以南进攻，并越过莫斯科和加里宁铁路。

第十六和第二十集团军的进攻更是顺利，12月8日，第十六集团军解放

了克留科沃，并开始向伊斯特拉水库发起进攻。此外，戈沃罗夫将军指挥的第五集团军也积极向前推进，从而有力地保证了第十六集团军的进攻。12月9日，第二十集团军粉碎了德军的顽强抵抗，将德军驱逐出索尔奇诺戈尔斯克。

在参加反攻的部队中有新从内地及远东地区调来的，也有长期坚守莫斯科防线的；有新入伍的，也有久经沙场的。这样一支有着步兵、炮兵、坦克兵、骑兵和空军组成的强大反击兵力，是德军做梦也没有想到的。

等到博克反应过来，苏军的攻势已是锐不可当。从12月7日起，反攻速度不断加快，反攻的前3天，苏军便推进了30至50千米，而且攻势一浪高过一浪，战果也越来越大。

在反击中为扩大战果，斯大林特意将西方面军航空兵的飞机增加至1000多架，这大大超过了德中央集团军群的飞机数量。强大的反击部队在航空兵的有力支援下，越战越勇。

至1942年1月初，苏军完全击溃了窜至莫斯科城下的德中央集团军群的突击兵团，德军被迫后退100至250千米，从而解除了德军对莫斯科的直接威胁。

当苏军发起反击时，正在受冻挨饿的德军不得不在没有足够冬季装备的条件下进行激烈的战斗，他们伤亡惨重，根本无力阻止苏军的攻势，防线到处出现危机并被迫撤退。

德中央集团军群司令博克元帅几天前，还准备乘坐第一辆坦克冲进莫斯科城，现在也不得不承认自己"已到了山穷水尽的地步"，并且准备将他的部队撤往库尔斯克—奥廖尔—勒尔一线作为德军的"冬季阵地"。

苏联海陆空军
全线反击

1942年1月5日，斯大林向红军发出指示：不给德军任何喘息的机会，不停顿地把它们向西驱赶。

1月8日，苏波罗的海舰队、黑海舰队的舰桅高昂，海军战士将炮弹填进了炮膛，莫斯科郊外野战机场上的战鹰满载航空炸弹，振翅待飞。

从列宁格勒城外雪深齐腰的森林，到莫斯科以西冰封的大地，从静静的顿河流淌过的乌克兰平原，到黑海北岸的克里木岛，苏军在这条纵贯南北的战线上，9个方面军110多万将士正在整装待发，收复失地大总攻的战幕即将拉开。

随着红色信号弹飞上天空，威力巨大的"喀秋莎"首先发出了惊天动地的怒吼，一时之间从空中到地面雷声滚滚、火光冲天，苏军的全线总攻开始了。

总攻首先以加里宁方面军实施的瑟乔夫卡—维亚兹马战役开始。这一战役也是勒热夫—维亚兹马进攻战役的一部分。

进攻的第一天，方面军的第三十九集团军就在勒热夫以西突破德军防御，至1月21日挺进80至90千米，前出至德军第九集团军勒热夫集团的后方。

26日清晨，方面军的第二十二、第二十九集团军即在奥列尼诺包围了德军约7个师。骑兵第十一军从正面突至维亚兹马，并切断了维亚兹马—斯摩棱斯克公路。

西方面军以9个集团军和2个骑兵军实施的勒热夫—维亚兹马进攻战役，1

月10日开始发起攻击。方面军的右翼第一突击集团军第二十和第十六集团军在突破德军沃洛科拉姆斯克防线后，于17日切断了莫斯科—勒热夫铁路。

方面军中线部队第五、第三十三集团军于1月20日收复莫扎伊斯克；第四十三集团军则向尤赫诺夫方向进攻。

方面军左翼的第四十九、第五十集团军和近卫第一军、第十集团军从北面和南面迂回包抄了由德军第九集团军约9个师组成的尤赫诺夫集团，这就使苏第三十三集团军和近卫骑兵第一军分别在尤赫诺夫以北及其以南突入德军后方，并开始向维亚兹马展开攻击。

为配合正面部队围歼维亚兹马的德军，苏军还从1月中旬至2月中旬先后

在维亚兹马东南地域，以空降第二十一旅、第八旅和第四军主力1万多人实施了空降。

至4月20日左右，苏军又向西推进了100至350千米，收复了莫斯科州、加里宁州、图拉州等莫斯科以西大部地区。希特勒占领莫斯科的企图完全化为了泡影。

1942年4月，暖流融化了伏尔加河的坚冰，解冻的土地开始散发出浓郁醉人的春天气息，随着春季泥泞时期的到来，苏军开始转入防御。至此，莫斯科保卫战以苏军的伟大胜利而告结束。在此战役中德军损失官兵50余万人，坦克约1300辆，火炮2500门，汽车1.5万辆。

莫斯科保卫战的胜利，在20世纪世界战争史上具有重大的政治和军事意义，它不仅粉碎了希特勒闪击速胜的企图，在第二次世界大战中使德军第一次遭到重大失败，为战争形势的根本扭转奠定了基础，从而成为20世纪"一个冬天的神话"。

战争的胜利使德军"不可战胜"的神话破灭了，给苏联人民以极大的鼓舞，坚定了夺取最后胜利的信心，同时，也给世界反法西斯斗争的各国人民以巨大鼓舞，有力地促进了世界反法西斯统一战线的形成和发展，为最后战胜法西斯，取得第二次世界大战的胜利奠定了基础。

保卫之战

保卫斯大林格勒

　　1941年6月份，纳粹德国占领乌克兰后，斯大林格勒就成了苏联中央地区通向南方重要经济区域的咽喉，战略地位十分重要。斯大林格勒战役历时160天左右，苏德双方投入战斗的兵力达200万以上。战争中斯大林格勒几乎被夷为平地，但在英勇的苏联军民的抵抗下，德国始终没有能够占领这块土地。

德军围困
斯大林格勒

　　斯大林格勒位于欧洲第一大河——伏尔加河的西岸，是连接苏联欧洲部分南北交通的枢纽，是贯通欧亚的咽喉，也是苏联南部著名的工业中心和粮食储存地。希特勒狂妄地宣称：攻下斯大林格勒之后，巴库的石油、顿巴斯的煤以及库班的小麦也将随即成为德意志帝国的资源；同时，还可沿伏尔加河北上，从东面包围莫斯科，再出波斯湾。希特勒吹嘘实现这一切不需要几日。

　　顿河是一条巨大的河流，它缓缓流过俄国的原野，从莫斯科南方的高地发源，流向俄国南端的罗斯托夫进入亚速河。其弯向东方的河床部，跨斯大林格勒及伏尔加河不足10多千米。河向东弯去形成了大河套，就是在这个大河套区内，德军将展开对斯大林格勒的猛烈攻势。

　　为保卫斯大林格勒，城内军民争取时间，建立了3道防线。最外边的一道防线，全长150千米，延伸至顿河东岸；中间的一道防线，全长也有上百公里，沿着狭窄的罗沙卡与齐伏林那也两条河设防；最里边的一条防线全长25千米，从斯大林格勒北面的雷诺克村起至南面的库普洛斯诺耶及卡拉斯诺亚美斯克止。

　　1942年春夏之交，苏军在苏德战场作战的失利，尤其是在哈尔科夫战役和克里木战役中的失利，使德军重新夺取了战略主动权。

　　接着，德军凭借其在西南方向的优势兵力向斯大林格勒方向和高加索方向迅速发展进攻。苏军虽进行了顽强抵抗，最后不得不放弃在经济和战略上都具有重要意义的南部地区，退至伏尔加河和高加索山前地带。

德军于7月中旬以前前出到顿河大弯曲部，威胁斯大林格勒附近的伏尔加河，造成分割苏军战略防线的态势。

德军的战略企图是：

集中主力于苏德战场南翼，迅速攻占高加索和斯大林格勒，占领巴库和伏尔加河下游地区，夺取丰富的石油资源、粮食和工业设施，尔后北取莫斯科，南出波斯湾。

德军最初将主力集中在高加索方向，企图首先以斯大林格勒方向上的进攻行动保障对高加索的突击。由于防守斯大林格勒方向的苏军顽强作战，打乱了希特勒的计划，迫使其将主力转移至斯大林格勒方向进行决战，从而使这一方向很快就从辅助的地位变成了整个苏德战场上具有决定意义的方向。

在斯大林格勒方向，奥廖尔至哈尔科夫一线部署的是德军B集团军群，其编成内有第二、第六集团军、第四装甲集团军匈牙利第二集团军，共41个师，其中5个装甲师、3个摩托化师、6个匈牙利师。

德军统帅部最初指定由第六集团军和第四装甲集团军担任斯大林格勒方向的突击任务。

由于第六集团军战斗力最强，在B集团军群右翼展开，担任主攻斯大林格勒的任务。但是，当B集团军群前出到顿河大弯曲部后，希特勒认为斯大林格勒无须那么多兵力，遂命令第四装甲集团军从斯大林格勒方向南下，转隶A集团军群，以便向罗斯托夫发展进攻。

为确保第六集团军集中兵力担负主攻斯大林格勒的任务，又向B集团军群调拨了意大利第八集团军。该集团军拟前出到顿河沿岸，在顿河西岸的巴甫洛夫斯克至韦辛斯卡亚地段展开。得到加强的德军第四航空队部分兵力担任斯大林格勒方向的空中支援任务。

截至7月17日，在斯大林格勒方向进攻部队计有实力较强的德军第六集团军的14个师、3000门火炮和迫击炮、近500辆坦克和1200架飞机。

在高加索方向上部署的是德军 A 集团军群，其编成内有第一装甲集团军、第十七、第十一集团军。

为便于统一指挥防御部队抗击德军重兵集团在斯大林格勒方向上的进攻，苏军最高统帅部于7月12日决定在西南方面军原有基础上组建斯大林格勒方面军，由铁木辛哥为方面军司令员，担负斯大林格勒方向的防御任务。

该方面军编成内有从大本营预备队抽调的第六十二、第六十三、第六十四集团军，原西南方面军的第二十一、第二十八、第三十八、第五十七集团军，第十三、第二十二、第二十三坦克军，以及第八航空集团军和伏尔加河区舰队。

至7月17日，在德军第六集团军当面对峙的主要是苏军第六十二、第六十三集团军的12个师约16万人，2200门火炮和迫击炮，约400辆坦克和454架飞机。苏军远程轰炸航空兵和国土防空军歼击航空兵可提供一定的空中支援。

为了保卫斯大林格勒及其市区，苏军在顿河和伏尔加河之间构筑了4道防御地带，即外层、中层、内层围廊和市区围廊。

7月17日，斯大林格勒会战开始前，这些围廊的工程仅完成40％至50％，但仍对城市防御发挥了不小作用。

斯大林格勒居民18万余人积极参加了防御围廊和方面军机场的修建。斯大林格勒城防委员会和州党委，采取多种措施加强民兵和城市消防，组织了由工人、职员组成的许多民兵营。

苏军统帅部采取的种种措施，使斯大林格勒方向的形势得到改善，消除了德军突然冲至伏尔加河的威胁。

7月17日，苏德双方开始了斯大林格勒远接近地的交战。德军第六集团军前卫在顿河大弯曲部的奇尔河—齐姆拉河一线与苏军斯大林格勒方面军的第六十二、第六十四集团军前进支队遭遇。苏军各前进支队在第八空军集团军

顽强抵抗的战士（俄二战博物馆模拟场景）

协同下顽强抵抗，德军被迫以5个师的兵力，用了6个昼夜，于7月22日才前出到苏军第六十二、第六十四集团边界主要防御地带。苏军前进支队的顽强抗击，消除了德军对苏军主要防御地带突击的突然性。

苏军在保障地带的抗击，迫使德军加强其第六集团军。至7月22日，该集团军编成内已有18个师，双方兵力对比变得对德军更为有利。除炮兵对比大体相当外，其他各项对比德军均居优势：人员对比1.2∶1，坦克对比2∶1，飞机对比3.6∶1。

德军企图向苏军第六十二、第六十四集团军翼侧实施包围突击，前出到卡拉奇地域，尔后沿最短路线突向伏尔加河，从行进间攻占斯大林格勒。为此，德军第六集团军主力组成北路突击集团和南路突击集团。

7月23日，德军的大量坦克和步兵在强大的航空兵空中支援下，突破苏军第六十二集团军右翼的防御。苏军最高统帅部详尽研究了德军在苏德战线南翼各个地段突击的结果后认为，斯大林格勒方向岌岌可危。

当日晚，斯大林用电报与斯大林格勒方面军军事委员会进行联系。方面军司令员戈尔多夫中将报告说，德军150辆坦克投入战斗，其中35辆被击毁，但德军并没有停止前进，还正在向斯大林格勒急速推进。

斯大林在给戈尔多夫的电报中说：

> 目前最重要的不是在齐姆良斯卡亚的渡口……而是在方面军的右翼。敌人将自己的兵力投入齐姆拉地域，意在将我们的注意力引向南面，而敌人正是在这时将其主力悄悄地调到了方面军的右翼。
>
> 敌人这一军事计谋之所以能够成功，是因为我们没有可靠的侦察。我们务必考虑这一情况，尽可能加强方面军右翼。

斯大林要求把整个航空兵90％的兵力集中到右翼，他命令："不要为敌人在齐姆拉的佯动和诡计转移注意力，再重复一遍，要把所有突击力量转向

第二次世界大战欧洲战事

方面军的右翼。"

他宣布了最高统帅部调给方面军统一指挥的兵力兵器，并批准了组建坦克第一、第四集团军的计划。斯大林提醒戈尔多夫将军：

请注意，一旦敌人突破右翼，进至顿河古姆拉克或以北地域，它就会切断你们同北方的铁路交通联系。因此，我认为你们方面军的右翼目前是决定性的。

斯大林还给方面军下达了一项对以后斯大林格勒会战进程具有重大影响的重要任务："我要求，绝对控制住顿河以西从克列茨卡亚、罗日科夫斯卡亚到下卡利诺夫卡一线的防御地区。""要不惜任何代价消灭突入近卫师作战地域内的敌人。你们有完成这一任务的兵力，你们应该做到这一点，绝不允许撤离指定的防御地区……"

尽管戈尔多夫将军完全清楚第六十二集团军司令员科尔帕克奇将军的情况，斯大林还是再次向他强调指出："……请注意，科尔帕克奇是个脾气暴躁容易冲动的人，能派一个坚定的人帮助他就好了，如果戈尔多夫本人能到他那里去，那就更好了。"

斯大林预见到即将发生重大战事，遂指派总参谋长华西列夫斯基作为最高统帅部代表，率领一个军官小组到斯大林格勒方面军去。华西列夫斯基的主要任务是到第一线了解情况，并协助方面军首长工作。

华西列夫斯基亲眼看到了第六十二集团军地带日趋紧张的情况。德军正在继续施加压力，并在克列茨卡亚、叶夫斯特拉托夫斯基地段取得显著战果，已突入防御纵深并合围了苏军的两个师。

德军迂回了第六十二集团军主力，即将抵达顿河，致使德军突向斯大林格勒。

于是，总参谋长华西列夫斯基和方面军司令员戈尔多夫中将只好采取迫不得已的、在当时情况下也是唯一正确的解决办法：立即以尚未完成组建任

115

务的坦克第一和第四集团军的兵力实施反突击。

时间是最宝贵的，延误和错过时间，德军就会渡过顿河，固守已占领地区。到那时，再想把德军打回去，就十分困难了。

苏军坦克第一和第四集团军司令员很快接到了以现有兵力立即行动，消灭楔入斯大林格勒方面军战斗队形的德军和恢复防御态势的命令。

该两个坦克集团军的任务是：从南北两面突击，斩断德军的楔形攻势。

7月25日10时，莫斯卡连科指挥的坦克第一集团军的一个军已开始进攻，集团军的其他兵力随后也投入了进攻。该集团军部队作战英勇、坚决，迫使德军转入防御继而退却了。克留乔金指挥的坦克第四集团军于7月27日拂晓在第六十二、第六十四集团军步兵和炮兵的支援下开始了突击。

华西列夫斯基组织了坦克集团军向顿河的突击后，就飞向莫斯科，向苏军最高统帅部汇报自己关于斯大林格勒方面军的结论和建议。然而，战况瞬息万变。当他正在空中飞行时，地面上的情况又发生了变化：德军制止了斯大林格勒方面军反突击的发展。

7月25日夜，斯大林指示华西列夫斯基亲自同斯大林格勒方面军联系，并转达严肃的警告："最高统帅部坚决要求方面军军事委员会……竭尽全力迅速肃清突入之敌，恢复防御态势"。

7月26日，斯大林指示华西列夫斯基传达更加严厉的指示：

最高统帅部很不满意斯大林格勒方面军首长的行动……最高统帅部要求，近几日内务必毫无条件地恢复斯大林格勒地区——从克列茨卡亚到卡尔梅科夫防线，必须把敌人赶到奇尔河一线以外。如果方面军军事委员会不能保证做到这一点，那就请直爽坦白地提出来。最高统帅部要求斯大林格勒方面军首长对是否准备执行这一指示做出明确答复。

华西列夫斯基在发报机旁等待斯大林格勒方面军首长的答复，但戈尔多

夫将军到第六十二集团军部队去了。没能马上找到他。答复迟了一些：方面军首长向最高统帅部保证，完全执行最高统帅部的一切指示。

客观地讲，斯大林这一严厉指示的根据并不十分充分。因为德军在战场上直接占有优势，尤其是坦克和航空兵。当时，斯大林格勒方面军编有38个师，其中一半是每师6000至8000人，其余的都是每师1000至3000人。这些实力薄弱的兵团必须在50千米的漫长正面上作战。

整个斯大林格勒方面军也不过18.7万人，坦克360辆，完好的作战飞机330多架，火炮和迫击炮约1900门。而当面德军却有25万人，坦克近740辆，飞机1200架，火炮和迫击炮750门。

双方兵力对比，德军显然处于压倒优势。因此，斯大林格勒方面军要完成最高统帅所赋予的任务并非易事，需要每一个军人都付出巨大的努力。

斯大林收到斯大林格勒方面军军事委员会关于坚决执行最高统帅部指示的保证后，心里还不那么踏实。他依然认为，有必要再次派华西列夫斯基到苏德战线最紧张的地方去，这是形势的需要。

7月27日凌晨1时，总参谋长就已经在斯大林格勒方面军的指挥所了。

随后，斯大林吩咐准备一份特别严厉的命令：要求各部队无条件地扼守所占领地区。他认为，苏军若继续东撤，苏联整个国家就有遭到沉重灾难的危险。斯大林口述了命令的基本原则，并命令总参谋部一丝不苟地监督各部队无条件执行这一命令。

斯大林的这份口述命令是一份极其重要的军事文件。它简明扼要地评估了国家的总形势，描绘了各个战线的总形势和德军情况的真实情景，给苏军下达了最紧迫的任务：

我们的祖国正经历着艰难的日子……必须彻底铲除这样一些议论……如说我们国家幅员辽阔，资源丰富，人口众多，粮食永远过剩。这种议论是自欺欺人的，是有害的，它只会削弱我们自己而增强敌人。

　　因为，如果我们不制止退却，我们就会没有粮食，没有燃料，没有金属，没有原料，没有工厂，没有铁路……该是结束退却的时候了。

　　不得后退一步！现在该成为我们的主要口号……不管付出多大的代价，部队必须坚守所占领的地区，然后赶走和消灭敌人。

　　斯大林口述命令中关于敌情和战争现阶段性质的论断也是非常有远见的。这些论断堪称科学战略预见的典范。他在口述命令中明确指出：

　　德国人并不像一些惊慌失措的人所描绘的那样强大，他们只是强弩之末。只要现在，在近几个月内顶住他们的攻击，这就意味着保证能赢得胜利……

　　我们能顶住攻击，然后把敌人赶回西方吗？是的，我们能，因为我们后方的工作现在干得很出色，我们的前方正在得到越来越多的飞机、坦克、火炮和迫击炮……

　　我们现在还缺什么呢？我们的连、营、团、师、坦克部队和飞行大队缺少制度和纪律。这是我们目前的主要缺点。如果我们想要扭转局势，保卫我们的祖国，我们就应该在我们的军队里建立起来最严格的制度和铁的纪律……

　　今后，没有上级的命令，不得后退一步，这一要求，应是每一个指挥员、红军战士、政治工作人员的一条铁的纪律法规。

　　7月29日，斯大林以国防人民委员的名义，签署了命令，原文印发到作战部队，并向全体军人进行了宣传。苏军总政治部颁发了向指战员宣传这一命令的指示，军队共产党员的巨大政治作用表现在绝对执行"不得后退一步"的要求。总参谋部责成驻部队的参谋人员现地检查这一命令的执行情况。

　　斯大林格勒方面军坦克第一和第四集团军的反突击虽未能击溃德军第六

集团军，但在很大程度上打乱了德军的作战行动，并使其暂时丧失了进攻能力。德军未能合围斯大林格勒方面军第六十二集团军。而且，德军企图一鼓作气夺取顿河渡口并前出到斯大林格勒的计划也落空了。德军统帅部开始明白：只用第六集团军的兵力进攻，是无法突进到伏尔加河的。如果苏军再把该集团军击退，情况将会如何呢？

该是德军统帅部作出重大决断的时候了。

德军统帅部需要确定：在顿河形势日趋复杂的情况下，在南翼应把军队主力集中到哪里，是高加索还是伏尔加河？德国的战略家们决定：集中到斯大林格勒。于是，希特勒命令将原指定向高加索进攻的德军坦克第四集团军从齐姆良斯卡亚附近的登陆场急速转向斯大林格勒。

德军在斯大林格勒方向上的使用计划简单而明了：两个集团军向伏尔加河方向实施突击，于伏尔加河附近分别向左和向右转变方向，夹击整个斯大林格勒地域及其防守部队，但要把这一计划变为现实并不那么简单。

苏德双方在顿河大弯曲部展开了激烈的交战。有一段时间，苏军成功地稳定了斯大林格勒方面军第六十二和第六十四集团军的防御，赢得了至为宝贵的时间。

苏军总参谋部采用一切手段向斯大林格勒地域集中预备队，有10个步兵师开到了那里。在斯大林格勒的远、近接近地上构筑了野战工事。

早在国内战争时期就十分熟悉该地域地形的斯大林，亲自给总参谋部指示各防御地区。斯大林格勒的党组织动员成千上万的市民挖掘防坦克壕、堑壕，构筑斯大林格勒外围防御的支撑点。

这时，侦察人员带来了一个令人不安的消息，使构筑防御工事的工作更加紧张和急迫。原先在巴甫洛夫斯克、韦申斯卡亚地段担任防御任务的德军第六集团军的兵团，被意大利第八集团军的部队替换下来，集中到斯大林格勒方向上了。苏军总参谋部向最高统帅部报告，德军近期内将在斯大林格勒附近展开积极的作战行动。

苏军总参谋部认真地研究了斯大林格勒地域部队指挥的能力。这里的战

线太长，德军不仅能向斯大林格勒，而且能向斯大林格勒以南发展进攻。第五十一集团军在斯大林格勒方面军编成内，却在顿河对岸、齐姆良斯卡亚以南组织防御。

苏军总参谋部设想，如果在斯大林格勒方向不是一个方面军，而是两个，那就更好了。当了解到德军坦克第四集团军已转向东行动时，华西列夫斯基更加坚定了这一想法，并以总参谋部的名义上报最高统帅部。

8月5日，最高统帅部下令将斯大林格勒方面军分为两个方面军——斯大林格勒方面军和东南方面军。分界线沿第六十二和第六十四集团军的接合部，从莫罗佐夫斯卡亚、经上奇尔斯卡亚至斯大林格勒。斯大林格勒在东南方面军地带内。

德军在收拢和调整兵力后，于8月6日转入进攻。

德军对顿河以西防御的苏军南、北两翼实施突击。苏军总参谋部知道，德军统帅部的企图是切断苏军第六十二和第六十四集团军与斯大林格勒的联系，但目前无力实施对抗措施，因为预备队尚未到达。

斯大林格勒方面军地带出现了令人不安的情况，德军占领了顿河渡口，斯大林格勒方面军首长对防御的稳定性极为担心。

8月9日，当总参谋部作战部长季霍米罗夫将军向斯大林报告前线情况时，斯大林命令转达：

> 我为你们缺乏远见和惊慌失措而吃惊，你们有的是兵力，缺乏的是应付这一情况的勇气。我等待着你们方面军结束令人不安状况的消息。

令人遗憾的是，斯大林格勒方面军令人乐观的消息并没有随之而来，德军加紧施加压力，苏联军人死守着阵地，局势一天比一天严重。

斯大林格勒就要变成直接角逐的战场。华西列夫斯基刚到总参谋部不久，又被斯大林派到斯大林格勒去了。总参谋部作战部长再次被更换。

9月，季霍米罗夫被任命为列宁格勒方面军第四十二集团军副司令员，作战部长的职务由伊万诺夫少将接任。

德军在向伏尔加河进攻时，利用苏军作战部署中很小的间隙地，在空中轰炸和强击突击的强有力支援下，迅速向间隙地投入坦克，步兵紧随坦克前进。战斗异常激烈，德军直逼斯大林格勒城下。

在斯大林格勒十万火急的情况下，苏军总参谋部不得不考虑斯大林格勒本身的处境了。该城已成了苏军的近后方并有成为前线的危险。从西部撤下来的居民在这里居住，现处于法西斯德军飞机狂轰滥炸的困境之中。

以科兹尼科夫为首的总参谋部的一些军官奉命前往东南方面军视察市内情况。两三天后的8月20日，总参谋部收到了他们从斯大林格勒送来的报告。

科兹尼科夫写道：

城市人口密集，甚至墙脚下、花园、伏尔加河畔、山腰上等，都住满了人。由于缺乏足够的交通工具，加之后送部门的工作开展得不好，城市疏散工作进展太慢等候交通工具的人们，在后送基地就得住五六夜……所有的学校和俱乐部都挤满了伤员。野战医院只得继续留在市内。灯火管制很差……

我个人认为，必须做到以下几点：

一是全城实行戒严；

二是加快城市疏散工作，首先是疏散野战医院，其次是疏散城市居民，城里只留下坚持企业生产和能协助军队进行城防的居民，只留下城市防御所需的物资；

三是整顿城市秩序，为此要指派一名要求严厉的斯大林格勒城防警备司令；

四是为了维护城市的革命秩序，必须把内务人民委员会的部队和民警归属卫戍部队管辖，只能按照卫戍部队的命令作战和撤退；

五是从保卫城市的战斗一打响，就不允许后勤和其他部队在市内移动，为此要在斯大林格勒以北修筑迂回道路。

情况紧急，要求最高领导机关立即介入。苏军总参谋部作战部长伊万诺夫将军给东南方面军司令员下达了整顿城市秩序的指示，将"应采取的措施"的复制件交给了当时担任疏散委员会主席的什韦尔尼克。

什韦尔尼克担负把工厂和其他国家财产从军事行动地区疏散至内地的工作。这些措施是非常及时的。

8月23日，向苏军第六十二集团军右翼发展突击的德军坦克和摩托化部队几乎冲到了斯大林格勒北郊的伏尔加河畔。第六十二集团军与斯大林格勒方面军主力的联系被切断。

与此同时，德军第四航空队对斯大林格勒狂轰滥炸。致使苏军最高统帅部与斯大林格勒的电话、电报通讯都中断了。华西列夫斯基在第六十二集团军部队只好采用无线电短波传输的方法向斯大林报告战况。电话员和电报员采取各种措施来恢复联络。深夜，有线电通讯修复。

斯大林直接从华西列夫斯基那里获得了斯大林格勒地域的详细情况。

8月25日，德军克莱斯特的坦克部队已进驻莫兹多克，距格罗兹尼四周的苏联最大产油中心只有50千米，距里海也只有100千米。

8月31日，希特勒催促高加索方面的司令李斯特陆军元帅纠集所有可以调集的力量向格罗兹尼做最后进攻，以便他"能够拿到油田"。

希特勒对他的将领们的战绩从来没有满意的时候。他于7月13日罢免指挥整个南线攻势的博克陆军元帅的职务后，仍喋喋不休地责骂大部分司令官和参谋总部进攻迟缓。尽管如此，他现在仍然相信，决定性的胜利已经在握。他命令第六集团军和第四装甲集团军在攻占斯大林格勒以后，沿伏尔加河北进，形成一个大规模的合围行动，从东西两面进逼苏联中部和莫斯科。希特勒认为，苏联人已经完了，苏联在整个前线的后备力量已消耗殆尽。

8月底，希特勒在与雷德尔海军元帅举行会谈时，其心思已从苏联转移到

英美方面。他说，苏联现在在他的眼中已是一个"不怕封锁的生存空间"。他确信，不用多久便迫使英美达到"可以谈和的程度了"。

实际上，希特勒的这些想法不过是镜中幻影而已。差不多所有战地的将领和参谋总部的将领们一样，看出了这幅美丽图画上的破绽。

德国根本缺乏人力、枪炮、坦克、飞机和运输手段等种种资源，无法实现希特勒执意要达到的目的。但是，当哈尔德和李斯特陆军元帅想就苏德战争前线的情况指出这一点时，他们却被撤了职。

苏军在高加索和斯大林格勒的抵抗日益顽强，秋雨绵绵的季节临近，就连最外行的战略家也会看出德军军队在苏联南部面临着日益严重的危险。

第六集团军的北翼战线极长，从斯大林格勒沿顿河上溯到沃罗涅日共长350公里，毫无掩护。希特勒在这一线部署了仆从国家的3个集团军：匈牙利的第二集团军在沃罗涅日的南面；意大利的第八集团军在东南面更远一些的位置；罗马尼亚的第三集团军，在斯大林格勒正西、顿河弯曲部的右侧。由于罗马尼亚人与匈牙利人有着很深的敌对情绪，因此不得不用意大利人把他们隔开。

在斯大林格勒南面的草原地带，还有第四支仆从军队，罗马尼亚的第四集团军。其战斗力不可靠自不用说，其装备也不充足，缺乏装甲、重炮和机动能力。还有，他们的兵力十分分散。

罗马尼亚的第三集团军只有69个营，却守着一条105千米长的战线。但是，这些部队是希特勒所拥有的全部人马。德国自己腾不出足够的兵力来填补这个缺口。

同时，正如希特勒对哈尔德所说，由于他认为苏联人已经"完了"，因此，他并不为顿河翼侧这条暴露在苏军面前的漫长战线过分操心。但是，这条战线却恰恰是关键所在。后来希特勒发觉自己犯了错误，但为时已晚，而且接下来他一错再错。

德军向斯大林格勒以北伏尔加河畔的突破终于被苏军阻止住了。德军未能从行进间夺占城市。虽然情况非常严重，苏军第六十二和第六十四集团军

仍然不屈不挠地坚守着。他们英勇顽强，抗击和长久地钳制了德军强大的突击集团。同时，还吸引了德军的补充兵力及其仆从国军队。

斯大林格勒地域已成为解决苏德战争这一阶段主要战略任务的地点。

9月初，苏军第六十二和第六十四集团军的情况继续恶化。突至伏尔加河畔的德军没有被肃清。苏联国防委员会代表马林科夫、最高统帅部代表朱可夫大将和华西列夫斯基上将来到现场。他们的主要任务是寻求肃清突至伏尔加河畔的德军、保证斯大林格勒取胜的途径。

当时，在斯大林格勒附近对峙的苏德军队双方都在寻求完成任务的途径，8月底形成的军事部署基本上没变。

苏军部署没有明显地表现出兵力的集中，斯大林格勒以北也是如此，这也是歼灭突至伏尔加河畔之敌的一切企图屡遭失败的原因之一。

此外，德军第六集团军司令保卢斯将军已料到苏军将向城市以北实施反突击，已在这里集中了大量的兵力兵器。

德军在他们建立的通往伏尔加河的走廊上组织起坚固的防御，而苏军各集团军——坦克第四集团军、第二十四集团军、近卫第一集团军和第六十六集团军的兵力在连续战斗中明显削弱。德军一天天地向斯大林格勒增兵。

斯大林格勒方面军如没有外援，不把德军兵力吸引到其他方向上，就不可能保住斯大林格勒。因此，苏军各集团军的突击，势必一次次地反复实施。在对斯大林格勒地域苏军的指挥上也存在一些缺陷。苏军总参谋部很快就觉察到这一点。

第二次
世界大战
欧洲战事

朱可夫将军
临危受命

1942年8月27日，斯大林的秘书波斯克列贝舍夫打电话通知西方面军司令员朱可夫，8月26日国防委员会研究了苏联南部的局势，并通过了任命朱可夫为副最高统帅的决定。

当时朱可夫正在波戈列洛耶戈罗季谢地域，部队正在实施进攻战役。国防委员会对斯大林格勒的地区的斗争结局十分担心。

波斯克列贝舍夫要朱可夫14点务必在指挥所等候斯大林的电话。

果然，斯大林准时以高频电话与朱可夫通了话。斯大林询问了西方面军的态势后说："你必须尽快到最高统帅部来。留下参谋长代理你的工作。请考虑 下，任命谁来接替你担任方面军司令员。"

当日朱可夫赶到达克里姆林宫时，夜幕已经降临。斯大林已在他的办公室里，国防委员会有几位委员也在那里。

斯大林对他简单问候了一声，便直截了当地说："南方情况进展对我方不利，德军有可能占领斯大林格勒。在北高加索，形势也不太好。根据8月26日国防委员会决定，现在我宣布你已被任命为副最高统帅并派往斯大林格勒地域。目前在斯大林格勒的有华西列夫斯基、马林科夫和马雷舍夫。马林科夫留下和你一起工作，华西列夫斯基应飞向莫斯科。你何时可以起程？"

"我需要用一昼夜的时间研究情况，29日才能飞往斯大林格勒。"朱可夫答道。

"那好吧！"斯大林说，又突然回过头来问朱可夫，"你不饿吗？不妨稍稍吃一点东西。"

125

在喝茶时，斯大林简略地介绍了斯大林格勒附近的战况后说：

最高统帅部已决定把第二十四集团军、近卫第一集团军和第六集团军拨给斯大林格勒方面军。由于斯大林格勒形势困难，我们已命令火速将莫斯卡连科指挥的近卫第一集团军调到洛兹诺耶地域，并由9月2日晨在该集团军及斯大林格勒方面军其他部队对突至伏尔加河的德军集团实施反突击，与第六十二集团军会合。

同时，马利诺夫斯基的第六十六集团军和科兹洛夫将军的第二十四集团军均拨归斯大林格勒方面军。你必须采取措施，使莫斯卡连科将军的近卫第一集团军能在9月2日实施反突击，并在其掩护下使第二十四和第六十六集团军进入出发地域。这两个集团军必须迅速进入战斗，否则，我们就会丢掉斯大林格勒。

朱可夫元帅（雕像）

斯大林格勒会战具有极其重大的军事和政治意义。如果斯大林格勒陷入德军之手，德统帅部就有可能把苏联南部与中部的联系切断，苏联就可能丧失由伏尔加河沿岸和高加索向北运送大量物资的伏尔加河这条最重要

的水路交通命脉。

因此，苏军统帅部正调动一切可用力量派往斯大林格勒地域。苏联还采取紧急措施，增加飞机、坦克、火炮、弹药和其他物资的生产，以便及时用于粉碎进入斯大林格勒地域的德军集团。

8月29日，朱可夫由莫斯科中央机场起飞，4小时后已出现在伏尔加河畔卡梅申地域的野战帐篷中了。华西列夫斯基迎接了朱可夫，并当场给他介绍了最新情况。经过简短交谈后，他们便驱车前往设在小伊万诺夫卡的斯大林格勒方面军司令部。

大约12时，他们抵达方面军司令部。戈尔多夫中将也在前沿阵地上。参谋长尼基舍夫和作战部长鲁赫列汇报了情况。从其汇报中听得出，他们并不完全相信在斯大林格勒地域能阻止住敌人。

朱可夫给近卫第一集团司令部打了电话，当时戈尔多夫在那里。朱可夫让他在莫斯卡连科集团军司令员的司令部等候。朱可夫和华西列夫斯基在近卫第一集团军指挥所里遇到了戈尔多夫和莫斯卡连科。

他们的汇报和言谈举止使朱可夫和华西列夫斯基很高兴，因为他们既对德军的力量了如指掌，又对己方的能力心中有数。4个人共同讨论了情况，一致认为，正在集中的各集团军部队直至9月6日才能做好反突击的准备。

朱可夫由该处通过高频电话向斯大林作了汇报。斯大林听取汇报后未表示异议。华西列夫斯基奉命于9月1日飞离斯大林格勒，返回莫斯科。

苏军最高统帅部规定9月2日为近卫第一集团军实施反突击的时间。但实际情况是，编入该军的部队缺乏燃料，途中延迟了，直至9月2日晨尚未进入出发地域。

朱可夫根据集团军司令员莫斯卡连科的请求，将实施冲击的时间改为9月3日，并报告了最高统帅部："近卫第一集团军未能于9月2日转入进攻，因为该集团军的部队没有来得及进入出发地位，没有来得及前送弹药、燃料和组织战斗。为了不致使部队无组织地进入战斗和因此而遭受无谓的损失，经过我在现地亲自检查后，将进攻时间改在9月3日5时。

"第二十四和第六十六集团军的进攻时间，我规定在9月5至6日。现全体指挥人员正在详细研究任务，我们也正在采取战役的物质保障措施……"

9月3日晨，经过炮火准备后，苏军近卫第一集团军的部队转入进攻，但在斯大林格勒只前进了数公里，给德军造成的损失不大。由于遭到德航空兵不间断的突击和德坦克与步兵在炮火支援下由斯大林格勒所实施的反冲击，近卫第一集团军继续前进受阻。

同日，朱可夫收到了斯大林签署的一份电报：

> 斯大林格勒的形势恶化了。敌人距斯大林格勒3千米。如果北部集团部队不立即援助，斯大林格勒可能在今天或明天被攻占。
>
> 应要求位于斯大林格勒以北和西北的各部队司令员立即突击敌人和援助斯大林格勒的军民，不得有任何延迟，现在延迟无异于犯罪。应将全部飞机都用于援助斯大林格勒，斯大林格勒剩下的飞机已经很少了。

朱可夫当即给斯大林打电话报告："我可以下令在明天一早就发起进攻，但所有3个集团军的部队将不得不在没有弹药的情况下开始战斗，因为最早要到9月4日黄昏才能把弹药送到炮兵阵地上。此外，在9月4日黄昏之前，我们不可能组织好各部队与炮兵、坦克和航空兵的协同动作，而没有协同动作，是什么也搞不成的。"

斯大林开始发火了，在电话中的声音越来越大："你是不是认为德军会等你慢腾腾地弄好了再干？叶廖缅科断定，如果你们不立即由北面实施突击，德军只要用第一次猛攻就可以拿下斯大林格勒。"

朱可夫仍沉着镇定，从容做答："我不同意这个观点。请求准予按原定时间5日发起进攻。至于航空兵，我现在就下令全力轰击德军。"

"那好吧！如果德军对市区发起总攻时，你们应不待部队做好准备就迅

速向德军冲击。你的主要任务是把德军的兵力由斯大林格勒引开，如果办得到，不应消除隔开斯大林格勒方面军和东南方面军的德军走廊。"

斯大林终于冷静下来，最后拍了板。

9月5日早晨之前，正如朱可夫预测的那样，斯大林格勒附近并没有什么特殊的事件发生。

5日凌晨3时，斯大林打电话给马林科夫询问斯大林格勒方面军部队完成转入进攻的准备情况。当他确信他的命令正在贯彻时，就没有再让朱可夫听电话。

5日拂晓，在第二十四集团军、近卫第一集团军和第六十六集团军的全正面上开始了炮火和航空火力准备，但甚至在各集团军的主要突击方向上，炮火的密度也不大，致使没有取得必要的效果。待"喀秋莎"齐射后，发起了攻击。朱可夫就在近卫第一集团军司令员的指挥所里进行观察。

从德军抗击苏军冲击部队的火力强度来看，显然苏军炮火准备没有达到应有的效果，致使苏军进攻部队不可能推进很远。

约一个半到两个小时后，德军在很多地段上以火力阻止了苏军的前进，并以步兵和坦克实施反冲击。苏军通过航空侦察查明，德军大量的坦克、炮兵和摩托化步兵集群正由古姆拉克、奥尔洛夫卡、大罗索什卡地域向北移动。德军航空兵开始轰炸苏军战斗队形。

下午，德军新的部队进入战斗并在某些地段上将苏军挤回到出发地区。持续了一整天的火力战到傍晚时分几乎沉寂。苏军近卫第一集团军通过激烈交战才前进了2公里至4公里，而第二十四集团军几乎仍在出发阵地上。

苏军利用傍晚时分给部队补充了炮弹、迫击炮弹和其他弹药。根据昼间战斗中查明的敌情，朱可夫和马林科夫等决定，在夜间做好新的冲击准备，并在可能范围内对兵力兵器部署作必要变更。

天黑以后，斯大林给朱可夫打来电话："情况怎么样？"

"整整一天都进行了艰苦的交战。德军被迫由古姆拉克地域向斯大林格勒以北调动新的部队投入战斗。"朱可夫报告说。

斯大林听后满意地笑了，说道："这就不错嘛，这可以把德军的力量从斯大林格勒引开。"

"我军稍有进展，但在不少地方仍停留在出发地区。"朱可夫继续报告说。斯大林开始有点不耐烦了，问道："怎么回事啊？"

"由于时间不够，我军没有来得及做好进攻准备，没有很好地进行炮兵侦察和查明德军的火力配系，自然就不能将其压制住。当我军转入进攻时，德军就以其火力和反冲击阻止我军进攻。此外，德航空兵整天都在掌握着制空权，并对我军进行轰炸。"朱可夫回答道。

斯大林以强硬的口气命令说："继续冲击。你们的主要任务是把尽可能多的德军调开斯大林格勒。"

翌日，战斗更加激烈。苏军航空兵于9月5日整个夜间对德军实施了轰炸。除前线航空兵外，戈洛瓦诺夫将军指挥的远程航空兵也参加了轰炸。

9月6日白天，斯大林格勒方面军再次发起冲击，但是，这次冲击又一次被德军击退了。这一天，德军由斯大林格勒地域调来新的部队，在许多制高点上设置了预伏坦克和强击火炮并可靠地组织了支撑点。只有使用威力强大的炮兵火力才能摧毁德军这些防御设施，而当时苏军的这种炮兵很少。

7日下午，斯大林格勒方面军作战部长鲁赫列找到朱可夫："最高统帅询问，要消灭德军，我们的力量够不够？"

"要消灭德军，斯大林格勒方面军现有的力量显然是不够的，必须补调一个集团军，而且要在最短期限内对德军实施更强大的突击。"朱可夫向斯大林作了答复。

但斯大林关于补调几个师的决定一直没有下达。交战的第三天和第四天，主要是各种火器对射和空战。

9日夜，在汇报各方面军的情况时，斯大林对苏军诸集团军在斯大林格勒以北裹足不前的情况极为不满，并对城市本身的局势更加严重而深感不安。

9月10日凌晨4时30分，斯大林格勒方面军所在方向处主任博伊科夫与该方面军作战部长鲁赫列进行联系，问道：集中兵力于近卫第一集团军的正面

上突破德军防御，以缓和斯大林格勒的局势，威胁德军集团的一翼，尔后实施翼侧突击，效果不是更佳吗?"

鲁赫列回答说："进行任何兵力的变更部署都会浪费时间和减轻德军的压力，要边进攻，边调整兵力部署。"

这样做了，但这次在极端紧张情况下实施的进攻又未获成功。

当天，苏军最高统帅部试图从北面实施突击，恢复同第六十二集团军的联系，又遭到了失败。

当日，朱可夫再次巡视各个集团军的部队和兵团后，最终坚决地认为，以现有的兵力和部署是不可能突破德军的战斗队形并消除其走廊的。戈尔多夫、莫斯卡连科、马利诺夫斯基和科兹洛夫将军都表示了同样的看法。

于是，朱可夫通过高频电话再次向斯大林作了汇报，斯大林希望朱可夫能当面汇报这些情况。

这时，法西斯德军统帅部也没有完成夺取斯大林格勒这一主要任务。德军在这里的进攻停止了，而且在苏德战线中央决定性方向上作战的是德军最有战斗力、装备和指挥精良的德军重兵集团，而在其两翼则是战斗力很差、装备不好的匈牙利集团军、意大利集团军和罗马尼亚集团军。

高加索会战虽然在夺取领土上取得了明显的胜利，但并没有最后完成。对于希特勒军队来说，巴库和里海沿岸仍是可望而不可及。德军精锐兵团都陷在捷列夫和高加索山脉各山口上了。

9月11日，B集团军群司令冯·魏克斯和第六集团军司令保卢斯被召到文尼察附近的希特勒统帅部汇报斯大林格勒地域的情况。

希特勒认为，总的讲斯大林格勒的情况是十分有利的，夺取斯大林格勒只要10天就够了，并命令魏克斯和保卢斯于9月14或15日突击斯大林格勒。

而将军们认为，这是不现实的，并提出了证实对斯大林格勒地域的德军存在着严重威胁的理由。

保卢斯指出，斯大林格勒附近的德军战线是脆弱的，最大的危险就在于第六集团军的左翼，在那里作战的是意大利和其他轴心国的军队。保卢斯认

为，已有必要将德国兵团使用到同盟国军队的地段上，把这些德国兵团用作集团军群预备队。

德军统帅部讨论斯大林格勒战况的会议持续了两天，对作战的最后结果的看法出现了分歧。两个司令员坚持"折中解决方案"的意见，因为苏军的抵抗是强有力的，德军要想完全占领斯大林格勒是不可能的，但要让它失去作为军事工业中心和交通枢纽的作用。这样，使用重武器可以办到。第六集团军司令尤其坚持这一意见。

翌日，希特勒签发了训令，命令 B 集团军群准备有关确定战线走向问题的"折中解决方案"，同时在训令中指出：

> 如果进攻遇到苏军的薄弱抵抗，那就应当越过按"折中解决方案"确定的最后地区实施突击，歼灭苏军。

德军向阿斯特拉罕的突击没有取消，并指示做好突击准备。至于使德军统帅部担心的德军第六集团军的左翼，已开始在沃罗涅日以南和以西顿河沿岸仓促构筑防御阵地。

此外，九十月份，已将罗马尼亚第三集团军调到克列茨卡亚至叶兰斯卡亚地段。对于第六集团军的右翼，德军统帅部并不担心，因为他们认为，向阿斯特拉罕的突击必定会取得胜利，自然也就没有必要去保障自己的翼侧了。

与此同时，苏军最高统帅部和总参谋部也对当前的形势进行了详细系统的剖析，并于九月中旬得出结论：在不久的将来，形势将有可能发生根本性的好转。斯大林格勒附近的德军已无力进攻，实际上已被阻止。

尤其重要的是，在苏联欧洲部分的纵深内，在西伯利亚和中亚已完成组建和训练最高统帅部预备队的工作，有可能将其调往斯大林格勒了。这些部队，尤其是坦克部队，是一支能够根本扭转斯大林格勒附近局势，使之对苏联有利的强大力量。

此外，由于党政工作的加强，所有作战部队和预备队中无一例外地根除了命令中所指出的无组织、无纪律现象。苏军防御的稳定性明显增强。部队士气日益高涨，指挥员的威信和一长制得到进一步加强。

现在需要的是周密计划各个战役，并进行必要的物质准备，以及用一定时间在部队人员中进一步提高高昂的进攻锐气，树立歼灭德军的决心并做好充分的准备。

9月12日，斯大林召集朱可夫和华西列夫斯基开会。斯大林和两个汇报人对斯大林格勒地域的作战结果都不满意。通过讨论，他们对斯大林格勒的形势得出一致的结论："必须寻求另一种解决办法"。

朱可夫和华西列夫斯基受命制订粉碎伏尔加河畔德军突击力量的战役企图。13日整个夜晚，朱可夫和华西列夫斯基都是在斯大林格勒地域的地图旁度过的。他们为总参谋长提供了有关德军、苏军尤其是苏军预备队和向斯大林格勒方向集中的可能性和时限的参考材料。

朱可夫和华西列夫斯基终于把标有战役企图的地图准备好了。

斯大林同意了他们的意见，胜利的关键是在苏德战线的南翼实施决定性的反攻，并决定在斯大林格勒西北和以南德军第六集团军和坦克第四集团军的翼侧突破德军防御，合围和歼灭德斯大林格勒集团。尔后，所有兵力向罗斯托夫总方向发展进攻。

同时规定，在西方向上实施钳制性进攻战役。用以实施反攻的由斯大林格勒方面军、东南方面军和沃罗涅日东南新组建起来、尚未定名的方面军，以及伏尔加河区舰队、远程航空兵。各方面军都补充了一些最高统帅部预备队的兵团和军团，其中大多数是快速部队，尤其是坦克部队。

朱可夫、华西列夫斯基，随后沃罗诺夫和沃罗热伊金，都作为最高统帅部代表奔赴前线，以便在各个部队现地进一步完善已有基本轮廓的战役企图。总参谋部有关人员与他们一同前往前线。

9月中旬起，苏联武装力量大反攻的企图和计划的制订工作，在苏军最高统帅部领导下，同时在最高统帅部、总参谋部和方面军分别进行。

结果，经过最高统帅部、总参谋部和各方面军军事委员会的共同工作，制订出了当时情况下最佳的歼灭德斯大林格勒集团的方法。这次围歼战，胜过著名的坎尼战。

根据苏联战略领导的决定，除了建立直接包围的正面外，还建立了防止德军统帅部从外面突破以解救其被围部队的对外正面。在地图上详细规定了这个对外正面的轮廓；对它所需兵力进行了周密的计算；特别注意确定了可能行动的地区。

苏军总参谋部所制订的对德军第六集团军的包围，只是苏军在斯大林格勒胜利的开端。主要的是苏军尔后在苏德战线的南翼深入发展粉碎德军的各进攻战役。

9月13日、14日、15日，对斯大林格勒保卫者来说，是极其艰难的日子。市区争夺战异常残酷。当时，德军用在斯大林格勒方向的兵力有50多个师，其中13个师直接投入市区的战斗。

斯大林格勒方面军虽已拥有6个集团军，但各个师都严重缺员，有的师甚至仅有800人。防守市区的苏军仅9万人。但是，苏军士气高昂，为保卫神圣的国土，个个视死如归。德军从南、北、西三面包围了斯大林格勒，苏军的陆上交通完全被切断，伏尔加河成为支援这次会战的唯一运输线。

德军不顾一切，一步步通过市内的废墟，越来越逼近伏尔加河。似乎斯大林格勒保卫者要支持不住了。但是，只要德军一向前推进，苏军第六十二和第六十四集团军的英勇无畏的战士就加以阻击。市内古老建筑物的废墟变成了堡垒。

然而，兵力却在每时每刻都在减少着。在艰巨而且看来似乎是最后一刻的时候，罗季姆采夫的近卫第十三师起了转折作用。该师一渡过伏尔加河进入斯大林格勒后，立即就对德军实施反冲击。该师的突击完全出乎德军的意料之外。

9月16日，苏军近卫第十三师夺回了马马耶夫岗。

戈洛瓦诺夫和鲁坚科指挥的航空兵的突击，以及斯大林格勒方面军部

队由北面对德军第八军各部队所进行的冲击和炮击，援助了斯大林格勒的保卫者。斯大林格勒方面军向第二十四、近卫第一和第六十六集团军的官兵、空军第十六集团军和远程航空兵的飞行员不惜一切牺牲，对东南方面军的第六十二和第六十四集团军固守斯大林格勒，给予了无可估价的帮助。

如果没有斯大林格勒方面军部队顽强的反突击，如果没有航空兵的不断攻击，那么，斯大林格勒的情况可能还会更加恶化。

从9月中旬起，斯大林格勒全市的街道和广场都变成了激烈的战场。苏军浴血奋战，为争夺每一个街区、每一幢房屋，甚至为每一层楼或每一个房间，都要展开反复的残酷的战斗。后来甚至为争夺废墟而战。

第一火车站在一周之内曾13次易手，战斗的激烈程度可见一斑。保卢斯集团军的一位德军军官写道：

> 我们军的各个部队在9月份抗击苏军企图由北面突破我斜切阵地的猛烈冲击时，也遭受了惨重的损失。在这个地段上的各个师虚弱不堪，一个连一般只剩下三四十人。

9月底，斯大林又把朱可夫召回莫斯科研究更具体的反攻计划。这时，在东南方面军左翼各集团军研究反攻条件的华西列夫斯基也回到了莫斯科。去最高统帅部以前，朱可夫和华西列夫斯基会了面，以便交换意见。

在讨论斯大林格勒方面军地段的情况时，斯大林向朱可夫问道："你对戈尔多夫将军的看法如何？"

"戈尔多夫在作战方面是一位成熟的将军，但与参谋人员及指挥人员有点不和。"朱可夫汇报说。

"在这种情况下，应当任命另一位司令员担任方面军的领导。你看谁适合？"斯大林说。

朱可夫提名罗科索夫斯基中将为这个职务的候选人。华西列夫斯基支持朱可夫的意见。

于是，当时斯大林作出决定：

斯大林格勒方面军改称顿河方面军，东南方面军改称斯大林格勒方面军。顿河方面军司令员由罗科索夫斯基担任，其参谋长由马利宁担任。新组建的西南方面军司令员预定由瓦图京中将担任。决定以近卫第一集团军司令部为基本核心扩建成西南方面军司令部。该集团军司令员莫斯卡连科调任第四十集团军司令员。

接着，斯大林、朱可夫和华西列夫斯基详细讨论了反攻战役的计划。之后，斯大林转过头来对朱可夫说："请飞回前线去。要采取各种措施，更多地消耗和疲惫敌人。要再去看一看计划中规定的预备队集中地域和西南方面军及斯大林格勒方面军右翼的出发地域，尤其在谢拉莫菲维奇和克得列茨卡亚地域。华西列夫斯基也应以同样的目的再去一次东南方面军的左翼，并在那里研究计划中规定的所有问题。"

朱可夫和华西列夫斯基奉命在现地详细研究了准备反攻的所有条件后，回到最高统帅部，再一次讨论了反攻计划。

斯大林随即批准了这一计划。反攻计划由朱可夫和华西列夫斯基签署，最高统帅斯大林签字批准。

10月1日朱可夫返回莫斯科，进一步拟定反攻计划。

10月份，根据苏军最高统帅部的决定，有6个以上满员的师经伏尔加河调入斯大林格勒，因为原第六十二集团军编制内，除后勤和司令部门外，实际上什么部队也没有了。顿河方面军也得到了一些加强。苏军最高统帅部和总参谋部对新组建的西南方面军尤为关注。

在斯大林格勒市内和附近地区，最激烈的交战正在继续进行。希特勒要求其B集团军群指挥官和第六集团军司令保卢斯于最近期间拿下斯大林格勒。按德国国防军参谋总长哈尔德的说法：

希特勒的决定与自古以来公认的战略、战术原则不再有共同

之处。他的决定是一种狂暴的天性在一时冲动下的产物，这种天性不承认可能性是有限度的，而只凭愿望和梦想行事。

希特勒总是"对自己的力量病态地估计过高，对敌人力量有害地估计过低"，而且根本听不得不同意见。

有一次，有人把一场非常客观的报告念给他听。报告上说，斯大林于1942年在斯大林格勒以北、伏尔加河以西地区仍能集结100万至120万生力军，在高加索的50万人还不包括在内。这份报告证实了俄国为前线生产的坦克每月至少达1200辆。

希特勒未等听完，便把念报告的人大骂了一顿，不许他今后再念这种"愚蠢的废话"。

用哈尔德的话说，"用不着有未卜先知的天才，也能预见到一旦斯大林把这150万大军用于斯大林格勒和顿河翼侧，将会出现怎样的局面。"

正是因为哈尔德十分清楚地向希特勒指出这一点，而招致被免除陆军参谋总长这一职务的后果。

继哈尔德担任德陆军参谋总长的是库特·蔡茨勒将军。陆军参谋总长一职曾在德国陆军中职务最高、权力最大，如今库特·蔡茨勒担任这个职务，景况却比希特勒的一个听差好不了多少。

调换一个参谋总长并不能改变德国陆军的命运。这时兵分两路进攻斯大林格勒和高加索的德军，受到苏军的顽强抵抗，阻滞不前。

10月份一个月中，斯大林格勒一直进行着激烈的巷战。德军逐屋战斗，虽获得一些进展，但损失十分惊人。凡经历过现代战争的人都知道，大城市中的断垣残壁，对顽强而持久的防守十分有利。苏联英勇无比的士兵充分利用这些障碍物，拼命争夺每一寸焦土废墟。

尽管哈尔德及其继任者对希特勒作过警告：德国进攻斯大林格勒的部队已疲惫不堪，但是一意孤行的希特勒仍然硬要他们继续前进。一批又一批新的师投入战斗，但转眼间就在这人间地狱中化为齑粉。

137

　　进攻斯大林格勒本来只是德军达到目的的一个手段，但是现在却成为目的本身。当德国部队已到达斯大林格勒城郊的南北两面的伏尔加河西岸，几乎切断了伏尔加河的交通时，这个目的实际上已经达到了。但现在对希特勒来说，能否占领斯大林格勒已成了一个关系到个人威信的问题。

　　有一次，蔡茨勒终于鼓足勇气，向希特勒提了一个建议：由于沿顿河一带漫长的北翼战线情况危险，应将第七集团军从斯大林格勒撤退到顿河弯曲部一带。

　　希特勒听后勃然大怒，声色俱厉地说道："德军士兵到了哪里，就要守到哪里！"

　　尽管困难重重，损失惨重，第六集团军司令保卢斯却于10月25日打电报向希特勒报告：他估计最迟可于11月10日完全占领斯大林格勒。

　　希特勒听到这项保证兴奋极了。翌日便下达命令：

　　第六集团军和正在斯大林格勒南面作战的第四装甲集团军应准备于斯大林攻陷以后，立即沿伏尔加河向南北两面继续向前推进。

　　难道希特勒不知道德军在顿河翼侧战线所受的威胁吗？不是的。德军最高统帅部大事日记的记载表明，这种威胁曾引起希特勒忐忑不安。

　　问题在于他并没有充分意识到这种威胁的严重性，结果没有设法应付这种威胁。他深信局势已在他掌握之中，于是，在10月的最后一天，他和最高统帅部人员及陆军参谋总部撤出了在乌克兰维尼察的大本营，回到腊斯登堡的"狼穴"。希特勒认为如果苏联果真会发动冬季攻势的话，也只能在中路和在北路战线发动。那样，他在东普鲁士的大本营仍可以更好地进行指挥。

　　但是，他一回到"狼穴"，坏消息便接踵而至。

　　10月14日，德军出动5个师，再次派出2000架次飞机，对苏军发起新的进攻，妄图一举结束斯大林格勒的战斗。但是，和先前一样，德军又遇到了

苏军的顽强防御。

苏军第九十五师、第一一二师、第一三八师、坦克第四十八旅及近卫第十三师、近卫第三十七师尤为勇猛善战。日日夜夜，战斗不停地在街道上、建筑物内、工厂内、伏尔加河岸上，到处进行着。苏军各部队遭到重大伤亡，据守在斯大林格勒的许多不大的"岛"上。

10月19日，顿河方面军各部队转入进攻，支援斯大林格勒保卫者。这次也像以往各次一样，德军被迫从突击斯大林格勒的部队中抽调了大部分航空兵、炮兵和坦克来抵御顿河方面军的进攻。

与此同时，第六十四集团军在库波罗斯诺耶、绿草地地域由南向德进攻部队的翼侧实施了反突击。顿河方面军的进攻和第六十四集团军的反突击减轻了第六十二集团军的困难处境，并粉碎了德军攻占斯大林格勒的企图。

如果没有顿河方面军和第六十四集团军的援助，第六十二集团军就会支持不住，斯大林格勒也可能会陷入敌手。

11月初，德军数次企图消灭市内的各个防御基点。

11日，当苏军已充分做好反攻准备时，德军又一次企图进攻，但均未得逞。这时，德军已精疲力竭，其部队和兵团的人数极少，不仅士兵，连军官的士气也一落千丈，几乎没人相信，能够活着离开这个令人苦恼不堪的数个月交战的地狱。

从7月至11月期间，德军在顿河、伏尔加河地域和斯大林格勒的交战中，损失近70万人，1000余辆坦克、2000余门火炮和迫击炮、1400架飞机。

德军在伏尔加河地域的总的战役态势也复杂化了。没有师和军预备队，在B集团军群两翼上是战斗力不强的军队，他们已经开始懂得了自己所处的困境。

苏军在顿河上占领着可以保障西南方面军和顿河方面军的反攻出发地位的有利阵地。在斯大林格勒会战以前，第五十一集团军以局部反突击把敌人驱逐出湖间隘路，牢固地把萨尔帕湖、察察湖和巴尔曼察克湖这段有利的地区掌握在自己手中。根据华西列夫斯基建议，这个地域被选作斯大林格勒方

面军左翼11月份反攻时的出发地域。

保卫斯大林格勒的激烈交战持续了3个多月。全世界人民都在屏住呼吸注视着顿河、伏尔加河和斯大林格勒地域的大会战。苏军的胜利、苏军的英勇斗争鼓舞了全体进步人类，并增强了全世界战胜法西斯的信心。

斯大林格勒会战对苏军来说是一次十分严峻的考验。指挥人员和参谋人员取得了组织步兵、坦克、炮兵、航空员协同动作的重大实践经验。部队学会了在城市实施坚守防御，并将防御与机动结合起来。苏军士气大为高涨。所有这一切加在一起，为苏军转入反攻准备了有利条件。

1942年11月中旬，以斯大林格勒地域和北高加索的防御交战，结束了在苏联人民生活中占有重要地位的伟大卫国战争第一阶段。这个阶段对苏联人民及其武装力量来说所付出的代价是极其沉重的，尤其是散布死亡和破坏的德军进到列宁格勒、莫斯科附近和占领了乌克兰后，更是这样。

至1942年11月，德军占领了苏联的面积约180万平方千米的大片领土。战前，在这片土地上居住着约8000万人。遭受战祸的数百万苏联人被迫背井离乡，撤往苏联东部地区。在当时的军事形势下，苏军不得不退往苏联腹地，撤退时人力和物力都遭受了重大损失。但是，就是在如此困难的情况下，苏联军民也从未丧失粉碎德军的信心。生死存亡的危急使苏联军民更加紧密地团结在苏联共产党的周围，他们不畏艰难险阻，不怕流血牺牲，终于在所有作战方向上阻挡住了凶猛的德军。

在历时16个月的战斗中，德军在苏德战场上遭到了苏军和占领区人民的顽强抵抗，损失极为惨重。

至1942年11月，德军死、伤和失踪者达250万人之多。这些都是德军中的精锐力量，到战争第一阶段结束时，德军统帅部已无法加以补充。

由于苏联共产党和苏联人民的巨大努力，苏军手中已掌握足够数量的现代化坦克、飞机、战斗技术装备和辅助技术装备。

1942年生产了作战飞机2.1万余架，坦克2.4万余辆，而且，根据苏联国防委员会的决定，从年底开始，还将批量生产自行火炮。可靠的武器装备更

加提高了苏军的士气，他们战斗得更富有成效。

以保卫斯大林格勒的防御交战而结束的战争第一阶段是学习与强大的德军进行武装斗争的一所大学校。苏联最高统帅部、总参谋部、各部队的首长和司令部取得了组织与实施积极防御交战和反攻战役的丰富经验。在战争第一阶段最激烈的交战过程中，苏联军民表现出惊天动地的集体英雄主义精神、无所畏惧的勇敢精神和大公无私的奉献精神。共产党员和共青团很好地发挥了模范带头作用。

布列斯特要塞、列宁格勒、莫斯科、敖德萨、塞瓦斯托波尔、斯大林格勒、基辅、新罗西斯克、刻赤和高加索保卫者的英勇斗争，以光辉的一页载入战争第一阶段的光荣史篇。

截至1942年11月，苏德双方在苏德战场上的兵力兵器对比是：苏军作战部队中有660万人，坦克7300余辆，作战飞机4500余架，火炮和迫击炮近7.8万门。在最高统帅部战略预备队内储备有27个步兵师、5个独立坦克和机械化军以及6个独立步兵旅。

德军有266个师，共编有约620万人、坦克和强击火炮5000余辆、作战飞机3500架、作战舰只190余艘、火炮和迫击炮近2.1万余门。

由此可见，在战争第一阶段结束前，兵力对比开始向有利于苏联的方面转变。苏方对德军的优势还表现在，苏联武装力量已学会对自己的作战意图严加保密，慎之又慎，并制造大量假情报迷惑德军，隐蔽地变更部署和集结兵力，对德军实施突然打击。

希特勒军事当局错误地认为，苏军经过在苏联南部、斯大林格勒和北高加索地域的艰苦交战后，已无力在这些地域实施大规模进攻。实际上情况远远不是这样。苏军正在积极准备对德军实施大规模进攻。

苏联军队
掌握战略主动权

1942年11月12日，斯大林格勒方面军各部队的计划工作完成后，朱可夫和华西列夫斯基给斯大林打电话说，他们需要亲自向他汇报有关当前战役的意见。

11月13日晨，他们到了斯大林那里。斯大林情绪很好。他详细询问了在准备反攻过程中斯大林格勒附近的情况。

朱可夫和华西列夫斯基汇报的基本情况如下：

关于双方兵力在数量、质量方面的对比，在苏军主要突击地段即西南方面军和斯大林格勒方面军突击地段上，仍然主要由罗马尼亚军队防守，其战斗力不强。

如果在苏军转入进攻前，德军统帅部不往这些方向调集预备队，那么在这里苏军在数量上将占很大的优势。苏军侦察尚未发现德军有任何调动。保卢斯的第六集团军和坦克第四集团军的主力正被斯大林格勒方面军和顿河方面军的部队牵制在斯大林格勒地域。

苏军各部队按计划规定已在指定的地域集中，看来，德方尚未发现苏军变更部署的情况。苏军采取了更加隐蔽的措施调动兵力兵器。

苏军各方面军、集团军和兵团的任务都经过研练。诸兵种协同动作，直接进行了协调。计划规定的西南方面军和斯大林格勒方面军突击集团的会合问题，已经与方面军、集团军和将要进入苏维埃农庄、卡拉奇地域的部队的司令员和司令部进行了周密研究。

苏军各空军集团军在11月15日前显然不可能完成准备工作，至于建立对

德军斯大林格勒集团合围的对内正面和建立保障消灭被围德军所需的对外正面的各种方案，可以说已经准备就绪。

弹药、燃料和冬季的前送工作，虽耽搁了一些时间，但有足够的根据认为，至11月16至17日日终前，各种物资器材均可送至部队。反攻发起时间，西南方面军和顿河方面军可在11月19日，斯大林格勒方面军则晚一昼夜。

斯大林十分认真地听取了汇报。他不慌不忙地抽着烟斗，而且一次也没有打断朱可夫和华西列夫斯基的汇报。显然，斯大林对汇报颇为满意。他十分清楚，实施如此巨大的战役意味着战略主动权从德军手中再次转入苏军手中。

在汇报过程中，苏联国防委员会的委员和中央政治局的一些委员来到斯大林办公室时，朱可夫和华西列夫斯基则不得不把汇报过的内容再简明扼要

苏德战场（俄二战博物馆模拟场景）

地重新汇报一遍。

对反攻计划进行了简短的讨论后，斯大林全面批准了该计划。

朱可夫和华西列夫斯基提请斯大林注意，德军统帅部在斯大林格勒和北高加索地域一旦出现严重的局面，将会被迫从其他地域尤其是维亚济马地域抽调部队来支援其"南方"集团。

为了不致发生这种情况，必须迅速在维亚济马以北地域准备和实施进攻战役，而且首先应粉碎勒热夫突出部地域的德军。他们建议由加里宁方面军和西方面军部队参加这个战役。

斯大林说："那很好！但是他们哪位负责这件事呢？"

"斯大林格勒战役在各方面均已准备就绪。华西列夫斯基可负责协调斯大林格勒地域的部队行动，我可以负责准备加里宁方面军和西方面军的进攻。"朱可夫回答说。

"好吧！明早你们就飞往斯大林格勒，再次检查一下部队和指挥人员的战役前准备情况。"斯大林说道。

11月14日，朱可夫到了瓦图京部队中，华西列夫斯基到了叶廖缅科处。翌日，朱可夫收到了斯大林的如下电报：

> 康斯坦丁诺夫同志亲收：
>
> 费多马夫和伊万诺夫移动的日期由你酌定，以后来莫斯科时向我汇报。如果你认为他们当中的某人应先一两天或后一两天移动，那我赋予你酌定的权限。
>
> 瓦西里耶夫
>
> 1942年11月15日13时10分

朱可夫接电报后，立即与华西列夫斯基商定了转入进攻的时间：西南方面军和顿河方面军的第六十五集团军为11月19日，斯大林格勒方面军为11月20日。

斯大林批准了这一决定。

从11月19日开始，苏军第六十五集团军率先开始了反攻，猛烈的炮火一时间使罗马尼亚集团军惊慌失措。苏军的坦克很快的全速通过了阵地，并突入村内。20日斯大林格勒方面军也开始了猛烈的炮击。

11月23日16时，西南方面军和斯大林格勒方面军的坦克部队进入苏维埃农庄地域，终于封闭了对顿河和伏尔加河之间的德斯大林格勒集团的包围圈。

第六十四、第五十七、第二十一、第六十五、第二十四和第六十六集团军得以向斯大林格勒总方向发展进攻。从两侧压缩德军的内包围圈。

获得坦克兵团加强的西南方面军的近卫第一集团军、坦克第五集团军和斯大林格勒方面军的第五十一集团军等，在追击退却德军的过程中，接受了任务，将被击溃的德军部队赶到距被围的德斯大林格勒集团尽可能远的西部，并建立牢固的对外正面以保障顺利地肃清被围的德军。

11月24日，苏军西南方面军的第二十一集团军和坦克第五集团军粉碎了被围的罗马尼亚集团后，俘获了包括将军在内的官兵3万余名，以及大量的技术兵器。

苏军反攻的第一阶段，到此即告结束。

11月28日傍晚，斯大林给正在加里宁方面军司令部讨论即将实施的进攻战役的朱可夫打来了电话："你是否了解斯大林格勒的最新情况？"

"了解。"朱可夫回答得十分干脆利落。

"好！那就请你考虑并尽快提出有关肃清斯大林格勒附近被围德军的意见。"斯大林命令道。

11月4日晨，胸有成竹的朱可夫向斯大林发了如下电报：

在目前情况下，被合围的德军如无敌人由下奇尔斯卡亚、科捷利尼科沃地域实施的辅助突击，是不会冒险突围的。

德军统帅部显然将竭力固守斯大林格勒、维尔佳奇、马里诺

145

夫卡、卡尔波夫卡、"高山旷地"国有农场地域的阵地，并在最短期间内在下奇尔斯卡亚、科捷利尼科沃地域集结突击集群，在卡尔波夫卡总方向上突破我军防线，从而在我军防线上打开缺口，形成向其被合围部队供应各种补给品的走廊，尔后再利用这条走廊实施突围。在对敌有利的情况下，这条走廊可能在马里诺夫卡、利亚皮切夫、上奇尔斯卡亚地段形成其对北正面。在齐边科、泽特、格尼洛夫斯卡亚、舍巴林一线形成其对东南正面。

为了不让敌下奇尔斯卡亚和科捷利尼科沃集团与斯大林格勒集团会合，并形成走廊，必须：

一、尽快击退敌下奇尔斯卡亚和科捷利尼科沃集团，并在奥布列夫斯卡亚、托尔莫辛、科捷利尼科沃一线建立密集的战斗队形。在下奇尔斯卡亚、科捷利尼科沃地域保持两个坦克集群，每一集群中至少应有100辆坦克作为预备队。

二、将斯大林格勒附近敌被围集团分割为两部分。为此……应在大罗索什卡方向上实施分割突击。同时，在其对面杜比宁斯基、135高地方向上实施突击。在其余地段上则转入防御，只派出独立的支队进攻，以消耗和疲惫敌人。

将被合围的敌人分割为两部分后……应首先消灭较弱的那部分，尔后再集中全力突击斯大林格勒地域的敌军集团。

朱可夫

1942年11月29日

朱可夫给斯大林发出电报后，又利用高频电话与华西列夫斯基通了话。华西列夫斯基完全同意朱可夫的见解。与此同时，他们还交换了西南方面军当前行动的意见。

华西列夫斯基同意暂时放弃"大土星"战役，而使西南方面军向德托尔莫辛集团翼侧实施突击。苏军总参谋部也是这样的意见。

　　苏军西南方面军受领了代号为"小土星"的任务：以近卫第一、第三集团军和坦克第五集团军的兵力向莫罗佐夫斯克总方向实施突击，以粉碎该地域的德军集团。西南方面军的突击，由沃罗涅日方面军的第六集团军支援，该集团军在坎捷米罗夫卡总方向上进攻。

　　德军统帅部急需预备队来改善其部队在斯大林格勒和高加索方向上的危险处境。为了制止德军由中央集团军群调动部队，苏军最高统帅部决定在斯大林格勒地域反攻的同时，组织西方面军和加里宁方面军进攻勒热夫突出部的德军。从1942年11月20日至12月8日，进攻的计划和准备工作完全就绪。

　　12月8日，苏军最高统帅部给西方面军和加里宁方面军下达了如下训令：

　　加里宁方面军和西方面军应共同努力于1943年1月1日前粉碎勒热夫、瑟切夫卡、奥列尼诺、别雷地域的敌军集团，并在亚雷吉诺、瑟切夫卡、安德列耶夫斯科耶、列宁诺、新阿热沃、坚佳列沃、斯维特一线牢牢地巩固下来。

　　西方面军在实施战役时应遵照下列事项：

　　一、12月10至11日，在大克罗波托沃、亚雷吉诺地段突破敌人防御，12月15日前攻占瑟切夫卡、12月20日至少有两个步兵师进入安德烈耶夫斯科耶地域，协同加里宁方面军的第四十一集团军封锁被合围之敌。

　　二、突破敌人防御并待主力进到铁路线后，方面军快速集群及至少4个步兵师应向北进攻，突击敌勒热夫一切尔托利诺集团的后方。

　　三、第三十集团军应在科什基诺、布尔戈沃东北的交叉路口地域突破敌防御，并于12月15日前进到切尔托利诺地段的铁路线上，进至铁路线后应与方面军快速集群协同，沿铁路线进攻勒热夫，并于12月23日攻占勒热夫。

　　加里宁方面军在完成受领的任务时应遵照下列事项：

一、第三十九和第二十二集团军继续向奥列尼诺总方向发展进攻，以粉碎敌奥列尼诺集团，并于12月16日前进入奥列尼诺地域。

以第二十二集团军的部分实力在叶戈里耶方向上实施辅助突击，协助第四十一集团军粉碎敌别雷集团。

二、第四十一集团军应于12月10日前粉碎突入齐齐诺地域的敌军集团，并恢复奥科利查地域的原态势。

12月20日前，应以部分实力进入莫利尼亚、弗拉基米尔斯科耶、列宁诺地域，协同西方面军部队从南面封锁被合围的敌军集团。

最高统帅部

斯大林

朱可夫

由加里宁方面军和西方面军这两个方面军实施的这次战役，对于粉碎勒热夫突出部的德军，具有重要作用。普尔卡耶夫中将指挥的加里宁方面军执行了任务。

在别雷以南进攻的方面军部队，顺利地突破了德军的防线，向前推进与加里宁方面军部队会合，以便闭合对德军勒热夫集团的合围圈。但是，西方面军未能突破德军的防御。于是，斯大林命令朱可夫立即前往西方面军司令员科涅夫处。

朱可夫抵达西方面军指挥所后，经过了解情况，认为：继续进行这次战役已不适宜，因为德军已猜透苏军意图并从其他地段向该地域调来大量兵力。

与此同时，在苏军突破的地域中，加里宁方面军的情况也复杂化了。德军的猛烈的翼侧突击切断了索洛马京少将指挥的机械化军与主力之间的联系，该军陷入合围。

苏军最高统帅部不得不从其预备队中抽调一个步兵军协助该机械化军实施突围。该机械化军在极其困难的条件下奋战了三个多昼夜。第四天夜间，赶来援救的西伯利亚人突破了德防线，该机械化军的官兵才得以突围，但已精疲力竭，不得不撤往后方休整。

苏军在这里尽管未能达到最高统帅部规定肃清勒热夫突出部德军的目标，但却以积极的行动使德军统帅部不能从这个地段向斯大林格勒地域调动大量援兵。而且，德军统帅部为了保住勒热夫—维亚济马基地，还被迫从维亚济马、勒热夫地域调来4个坦克师和1个摩托化师。

西方面军进攻何以受挫？最主要的是对所选定的实施主要突击地段的地形的困难条件估计不足。

众所周知，若德防御配置在视界良好、没有防炮火的天然遮蔽地的地形上，则炮兵和迫击炮火力易于破坏这种防御，通常在该处进攻时会获得胜利。

倘若德防御配置在视界不好的地形上，在高地的反斜面上及与防御正面平行的峡谷内还有良好的遮蔽地时，则这种防御很难用炮火加以破坏，也很难突破，尤其在使用坦克受到限制时更是这样。

而在西方面军进攻时，恰恰是没有估计到德军配置地点的地形影响，在该处起伏地的反斜面上有良好的遮蔽地。受挫的另一个原因是，保障突破德军防御所需的坦克、飞机、火炮和迫击炮的数量不足。方面军首长曾力图在进攻过程中弥补这些缺陷，但未能成功。

12月上半月，苏军顿河方面军和斯大林格勒方面军消灭被围德军的战役，发展极为缓慢。

德军则等待着希特勒亲自答应的支援，他们为固守每一个阵地而顽抗。苏军的进攻由于分出相当大的一部分力量去消灭由科捷利尼科沃地域转入进攻的德军集团，因而未能取得预期的效果。

对于德军来说，在斯大林格勒地域的溃败可能发展成为战略规模的大失败。德军统帅部认为，为了改变总的态势，首先必须稳住德军在斯大林格勒

方向上的防线，并在斯大林格勒德军的掩护下由高加索撤出其 A 集团军群。

为了实现这一目的，德军组建了新的"顿河"集团军群，其编成内主要是从苏德战场其他地段上抽调的部队，还有部分部队是由法国和德国抽调的。该集团军由被希特勒当局视为"最合适和最能干的司令官"曼施坦因担任司令。

希特勒给他赋予的任务是，从斯大林格勒西南向前推进，为第六集团军解围。

为了挽救在斯大林格勒被合围的部队，曼施坦因元帅打算在科捷利尼科沃地域和托尔莫辛地域建立两个突击集群。实际上，这样的计划是注定不能实现的。

当时德军极端缺乏预备队，能够拼凑到的部队在漫长的交通线上像蜗牛似的艰难地、缓缓地前进着。

在德军后方的苏军游击队神出鬼没，竭尽全力阻止德军前进。德军指望集中军队以打破封锁和建立新的防线的企图破灭了。

希特勒预感到德军将在斯大林格勒附近面临灭顶之灾，一再催促曼施坦因不要等部队全部集中完毕即发起进攻，为第六集团军解围。

但是，希特勒对这位新任司令官的要求，简直是无法实现的。曼施坦因竭力向他解释，唯一的成功的机会在于第六集团军从斯大林格勒向西突围；另一方面曼施坦因自己的部队以第四装甲集团军为前锋，向东北进攻，夹击处于这两支德军之间的苏军部队。

但是，希特勒仍然不同意从斯大林格勒撤退。

实际上，只要看一看地图，便可以看出苏军的作战企图。德军总参谋长蔡茨勒将军一清二楚：苏军显然正以大量兵力从南北两面夹击，企图切断斯大林格勒德军的退路，逼迫德军第六集团军不是仓皇向西退却，就是束手就擒。

于是，蔡茨勒向希特勒建议同意第六集团军从斯大林格勒撤退至顿河弯曲部一带，恢复被突破了的阵线。

没想到总参谋长的这么一个建议竟惹得希特勒火冒三丈："我决不离开斯大林！我决不从斯大林后退！"希特勒大声吼叫着，并亲自下令：第六集团军务必坚守斯大林格勒周围阵地！希特勒甚至还催促曼施坦因尽快发起进攻。

12月12日，出于无奈，曼施坦因只是由科捷利尼科沃地域沿铁路发起了进攻。曼施坦因在科捷利尼科沃集群中编有坦克第六、第二十三师，后来又增加了坦克第十七师，还有1个装备"虎"式重型坦克的独立坦克营、4个步兵师和一些加强部队，以及2个罗马尼亚骑兵师。

经过3天战斗，德军向斯大林格勒推进了45千米，并渡过了叶绍洛夫斯基阿克塞河。在上库姆斯基地域进行了激烈的交战，苏德双方均有重大损失。德军和仆从国军队不顾伤亡，向斯大林格勒突进。

但是，苏联军队毕竟经受过战斗锻炼，十分顽强地扼守着防御地区。只是迫于新开来的德军坦克第十七师的压力以及德军飞机的狂轰滥炸，苏军第五十一集团军的部队和沙普京将军指挥的骑兵第四军才撤过梅什科瓦河。

现在，德军距斯大林格勒只有40余千米了，显然认为胜利即将在握。然而德军高兴得未免太早了。

根据斯大林的指示，华西列夫斯基向该处调去马利诺夫斯基将军指挥的、装备有充足坦克和火炮的、加强了的近卫坦克第二集团军，并使之进入交战。该集团军的突击最终决定了交战的命运有利于苏军。

12月16日，为了粉碎顿河中游地域的德军并进到德军托尔莫辛集团的后方，苏军西南方面军部队和沃罗涅日方面军第六集团军发起了对德军的进攻。

苏军第六集团军和近卫第一集团军、近卫第三集团军粉碎意大利第八集团军后，迅猛地向莫罗佐夫斯克总方向发展突击。坦克第二十四和第二十五军及近卫机械化第一军在第一战役梯队中进攻，采取撞击的办法粉碎敌人的抵抗。坦克第十七和第十八军为右梯队，进入米列罗沃地域。

苏军西南方面军在这个方向上的迅猛行动，迫使曼施坦因将其预定由托

尔莫辛地域向斯大林格勒方向突击的兵力用来对付前出到整个"顿河"集团军群翼侧和后方的苏军西南方面军。

12月19日，德军第四装甲集团军离斯大林格勒已不到40公里，21日，离城已不到30千米。夜晚时分，被围的德军第六集团军部队已能看到在大雪覆盖的草原的那一边，来救他们的援兵所发出的信号弹了。

第六集团军这时如果从斯大林格勒向第四装甲集团军的前进阵地突围，应该说，成功的可能性是非常大的。但是，希特勒再一次禁止第六集团军突围。

12月21日，德军总参谋长蔡茨勒再次请求希特勒批准第六集团军突围，这次希特勒总算同意保卢斯的部队突围，但要以他们同时能守住斯大林格勒为前提条件。希特勒这种愚蠢的想法差不多把蔡茨勒给气疯了。

翌日晚，蔡茨勒再次请求希特勒批准第六集团军突围。蔡茨勒说："这肯定是我们解救保卢斯20万大军的最后机会了。机不可失，时不再来啊！"

但是，希特勒硬是一点儿也不肯让步。

这时，蔡茨勒把这个所谓堡垒的内部的真实的情况告诉他：士兵们饥饿不堪，沮丧至极，对最高统帅部已失去信心，伤员们得不到照顾而奄奄一息，还有成千上万的人在活活地被冻死。但希特勒对所有这一切境况仍无动于衷。蔡茨勒的说服工作再次宣告失败。

德军第四装甲集团军在正面和两翼遭到苏军官兵的顽强抵抗，再也无法越过这最后的30千米，打到斯大林格勒。

霍特将军认为，尽管如此，如果第六集团军突围，他还是能够同它会师，然后两支部队便可以一起撤退至科捷尔尼科夫斯基。这至少能挽救20万德军的生命。

这在12月21日至23日近几天内进行的话，或许能够成功。但如果再晚的话，便无济于事了。因为苏军这时已在更北面的地方开始进攻，威胁着曼施坦因的整个顿河集团军的左翼。

12月22日夜间，曼施坦因打电话给霍特，要他按照即将颁发的完全不同

的新命令行事。翌日新命令颁发，要求霍特立即停止向斯大林格勒推进，派遣他们率领的3个装甲师中的一个师到北面的顿河前线，他自己则率其余部队就地死守。

曼施坦因之所以给霍特发来这项新命令，是因为他在12月17日得到一个紧急的消息，一支苏军部队在顿河上游地区的博古查尔突破了意大利第八集团军的防线，至傍晚时分，已打开一道27千米宽的缺口。

3天以后，缺口扩大到90千米，意大利部队仓皇溃逃。南边的罗马尼亚第三集团军，在11月19日苏军发动攻势的第一天就受到重创，正处在瓦解中。因此，曼施坦因必须调出霍特的一部分装甲部队来协助堵住这个缺口。于是，一连串的连锁反应发生了。

不仅顿河方面的部队向后撤退，已经进到斯大林格勒这样近的霍特的部队也后撤了。这些撤退又转过来使高加索方面的德军受到威胁。一旦苏军打到罗斯托夫，高加索方面的德军将被切断。

圣诞节后一两天，蔡茨勒向希特勒指出："如果你再不下命令立即撤出高加索，我们就要碰到第二个斯大林格勒了。"

在这种情况下，希特勒才很不情愿地于12月29日给克莱斯特的A集团军群下达了必要的指示。A集团军群由德军第十七集团军和第一装甲集团军编成。他们没有完成夺取盛产石油的格罗兹尼油田的任务，现在也不得不在目标在望时开始迅速后撤了。

原来在苏军西南方面军当面的大约17个师的全部敌人被歼，物资储备亦被苏军缴获。德军及仆从国军队被俘6万人，击毙者亦不少于此数。少得可怜的德军，除少数例外，已几乎不作抵抗了。

但是，在奥布利夫斯卡亚—上奇尔斯卡亚一线，德军还在顽强地进行防御。在莫罗佐夫斯克地域，苏军已于11月28日抓到原先在罗曼年科集团军当面的德坦克第十一师和野战第八师的俘虏。由科捷利尼科沃地域渡过顿河后进到切尔内什科夫斯基、莫罗佐夫斯克、斯科瑟尔斯卡亚、塔钦斯卡亚一线的敌人对苏军列柳申科集团军和快速部队的抵抗最为强烈。

德军的这支部队力图占领防御地区，以阻止苏军快速兵团继续进攻并以此保障其部队有撤退的可能。德军在有利的条件下，可能会坚守这个突出部，以便将来通过这里援救其被合围的集团。苏军竭尽全力割裂这个突出部。

苏军通过逐日实施的航空侦察发现，德军正在罗索什、旧别利斯克、伏罗希洛夫格勒、切博多夫卡、卡缅斯克、利哈亚、兹韦列沃地域卸载。显然，德军打算沿北顿涅茨河占领基本防御地区。德军首先不得不堵塞苏军造成的宽达350千米的缺口。

在这种情况下，苏军西南方面军司令员瓦图京认为，苏军最好能不作特别间歇地打击德军。

11月28日，瓦图京向斯大林汇报了近期进攻战役进程，并提出建议："为了不作特别间歇地打击德军，请求最高统帅部向这里调拨援军，因为这里现有部队要用于完成叫'小土星'战役，而实施'大土星'战役则需要补充力量。"

当瓦图京汇报情况时，恰好斯大林和朱可夫都坐在电报机旁边。

斯大林立即回复瓦图京："你的首要任务是不得让德军粉碎巴达诺夫的部队，并应尽快派帕夫洛夫和鲁西亚诺夫所部去援助他。你做得对，在最危急的时刻允许巴达诺夫放弃塔钦斯卡亚。你们对托尔莫辛的突击，最好给骑兵第八军再加强以某个步兵部队。至于经苏沃罗夫斯基向托尔莫辛调近卫骑兵第三军一个步兵师，那是非常适时的。为使'小土星'变为'大土星'，我们已经给你调拨了坦克第二和第二十三军，再过一个星期，你还可以得到两个坦克军和三四个步兵师。

"我们对坦克第十八军的使用有不同的见解。你想把他调往斯科瑟尔斯卡亚，最好让它与坦克第十七军一起留在米列罗沃、上塔拉索夫斯科耶地域。总之，你应当注意，坦克军派往较远距离去时，最好两个军同时派出，而不要一个军单独行动，以免陷入巴达诺夫的处境。"

这时朱可夫接过电话问瓦图京："坦克第十八军现在何处？"

"坦克第十八军现在米列罗沃以南，它不会被孤立。"

"请记住巴达诺夫，不要忘记巴达诺夫，无论如何要援救他！"

"我一定采取一切可能的措施，我们一定要救援巴达诺夫。"瓦图京向斯大林和朱可夫作了保证。

西南方面军和斯大林格勒方面军部队在科捷利尼科沃和莫罗佐夫斯克方向上的顺利突击，最终决定了被围在斯大林格勒地域的、希特勒常常引以为豪的保卢斯的第六集团军的命运。他们出色地完成了苏军最高统帅部赋予他们的任务并迅猛地粉碎了敌人，从而打破了曼施泰因给保卢斯部队解围的计划。

12月底，苏联国防委员会开会讨论今后的行动。斯大林建议："粉碎被围德军的工作交给一个人领导，现在有两位方面军司令员在指挥，不利于这一任务的完成。"

出席会议的所有国防委员无一例外地都支持这一意见。

"最后肃清德军的任务交给哪位司令员呢？"斯大林进一步问道。

这时，有人建议把所有部队都交给罗科索夫斯基指挥。

斯大林问朱可夫："你怎么一声不吭呢？"

"我认为，这两位司令员都能干，如果把斯大林格勒方面军的部队拨归罗科索夫斯基指挥，那么，叶廖缅科必然会感到委屈的。"朱可夫回答道。

"现在不是谈论委屈不委屈的时候，"斯大林打断朱可夫的话，并命令朱可夫道，"打电话给叶廖缅科，向他宣布国防委员会的决定。"

当天晚上，朱可夫即用高频电话给叶廖缅科打了电话，告诉他说："叶廖缅科同志，国防委员会决定最后肃清斯大林格勒集团的工作委任罗科索夫斯基进行，因此，你应将斯大林格勒方面军的第五十七、第六十四和第六十二集团军转交给顿河方面军。"

"为什么要这样呢？"叶廖缅科迷惑不解地问道。

朱可夫给他解释了作出这个决定的原因。

但这显然使叶廖缅科十分难过，情绪激动，难以自抑。朱可夫建议他过

155

一会儿再打电话。15分钟刚过，朱可夫的电话铃又响了。

"大将同志，我还是不明白，为什么特别看重顿河方面军的领导人。我请你报告斯大林同志，我要求留在这里直至肃清敌人为止。"叶廖缅科略带几分委屈地说。

朱可夫这次没有作过多的解释，他还是按着斯大林的指示下达了关于斯大林格勒方面军的3个集团军拨归罗科索夫斯基指挥的训令。

斯大林格勒方面军司令部应领导在科捷利尼科沃方向上行动的部队，继续歼灭科捷利尼科沃地域的敌军。

不久，斯大林格勒方面军改称南方面军，在罗斯托夫方向上行动。根据苏军最高统帅部1942年12月30日训令，第六十二、第六十四和第五十七集团军由斯大林格勒方面军拨归顿河方面军编成内。

1943年1月10日，顿河方面军编成内共有21.2万人，坦克250余辆，作战飞机近300架，火炮和迫击炮约6900门。

德最大集团军
全军覆灭

　　1942年12月底，华西列夫斯基主要研究有关肃清科捷利尼科沃、托尔莫辛和莫罗佐夫斯克地域的德军问题。

　　苏军最高统帅部任命沃罗诺夫将军为其驻顿河方面军代表。他和顿河方面军军事委员会共同提出一个最后肃清被围德军集团计划，该计划的代号为"指环"。苏军总参谋部和最高统帅部审查了该计划，认为尚存在一些问题，并在训令中向沃罗诺夫将军指出：

　　　　你提出的"指环"计划的主要缺点是，主要突击和辅助突击向不同的方向实施，而且从不连接，这就使战役的胜利深为可疑了。最高统帅部认为，在战役第一阶段，你的主要任务应当是在克拉夫佐夫、巴布尔金、马里诺夫卡、卡尔波夫卡地域切断并歼灭被围敌军的西部集团，以便我军由德米特里耶夫卡、第一国有农场、巴布尔金地域发起的主要突击转向南直指卡尔波夫斯卡亚车站，第五十七集团军由克拉夫佐夫、斯克利亚罗夫地域应实施与主要突击相向的辅助突击，并在卡尔波夫斯卡亚车站地域与主要突击会合。

　　　　此外，应组织第六十六集团军经奥尔洛夫卡向"红十月"村方向实施突击，第六十二集团军则实施与该突击相向的突击，以便这两个突击能够会合并从而切断工区的德军与德主要集团的联

系。最高统帅部命令根据上述内容修改计划。最高统帅部批准你在第一个计划中提出的战役发起时间。

战役第一阶段应于发起五六天结束。战役第二阶段应于1月9日前通过总参谋部送呈，计划中应考虑到第一阶段的战果。

斯大林

朱可夫

1942年12月28日

1943年1月，在顿河地域的苏军对外正面，经西南方面军和斯大林格勒方面军的努力，向西推进200至250千米。压缩在合围圈中的德军的态势急剧恶化，已没有任何解救的希望，其物资储备业已耗尽。部队领到的是不够充饥的口粮。医院的伤病员大大超过容量。伤、病致死的人员急剧增加。不可避免的覆灭的命运即将来临。

为了停止流血，苏军最高统帅部命令顿河方面军领导人向德军第六集团军发出最后通牒，要他们根据惯例条件投降。

1943年1月8日，3名苏军青年军官带着一面白旗，进入斯大林格勒北部的德军防线，把苏顿河方面军前线司令罗科索夫斯基将军的一份最后通牒送交保卢斯将军。最后通牒提醒保卢斯，他的部队已被切断，解救无望，空中接济也不能保持了，然后说道："你军已陷入绝境。你们饥寒交迫，疾病丛生。而苏联的寒冬还只刚刚开始，严霜、

寒流、暴风雪还在后头。你的士兵缺少冬衣，卫生条件又差到极点。你们的处境暗淡无光，继续抵抗下去实在毫无意义。""有鉴于此，并为了避免无谓的流血牺牲，兹建议你们接受下列投降条件。"

这些条件是体面的。所有被俘人员一概发给"通常标准的口粮"。伤病员和冻伤人员将得到医治。所有被俘人员可以保留他们的军衔领章、勋章和个人财物。通牒要求保卢斯于24小时之内答复。

保卢斯立即将最后通牒的全文以电报形式发给希特勒，并要求批准第六集团军向苏军投降。希特勒立即驳回了他的请求。

苏军要求投降的期满之后，又过了24个小时，即1月10日晨，苏军以5000门火炮对德军狂轰猛炸。经过猛烈的炮火准备后，顿河方面军部队转入旨在分割并各个歼灭被围德军的进攻，但未能获得全胜。

这一仗打得激烈而残酷。在瓦砾成堆、遍地冰冻的城内废墟上，双方都

苏德战场（俄二战博物馆模拟场景）

以令人难以置信的英勇，不顾一切地战斗。但是战斗并没有持续多久。6天之中，德军的袋形阵地已缩小了一半，只剩下15千米长，9千米宽的一块地方。

1月22日，苏军顿河方面军部队经过进一步准备后再次转入进攻德军经不住这次突击，开始后退。会战中托尔布欣将军指挥的第五十七集团军和扎多夫将军指挥的第六十六集团军取得的战果最好。

1月24日，德军保卢斯第六集团军本来就已十分可怜的阵地又被苏军一劈为二，最后一条小型的临时跑道也失去了。过去，德军飞机还运来些供应品，特别是治疗伤病员的药品，并运走了2900名伤病员，现在飞机再也不能降落了。在这种情况下，苏军再次给保卢斯所属部队一次投降的机会。

1月24日，苏联的使者带着一份新的建议来到德军阵地。保卢斯又一次感到左右为难，并再次发电报向希特勒请示："部队已弹尽粮绝，已无法进行有效的指挥。伤员1.8万人，无衣无食，也无药品绷带，继续抵抗下去已毫无意义，崩溃在所难免。部队请求立即准予投降，以挽救残部生命。"

但是，希特勒的答复一如既往："不许投降。第六集团军必须死守阵地，直至最后一兵一卒一枪一弹。"实际上，继续抵抗不仅毫无意义、毫无用处，而且是根本办不到的事。第六集团军被迫开始全线退却，退却变成了逃跑，溃逃的德军乱作一团，路上布满尸体，并很快被白雪所覆盖，整个部队开始无命令的退却，势不可挡，因为他们在和死亡赛跑，稍慢一点儿，死神便会轻易地追上他们，捉住他们……队伍里一批批人死去，集团军缩在越来越小的地狱里。

1943年1月28日，德军第六集团军这样一支曾经煊赫一时的军队的残兵余卒被分割在3小块袋形阵地之中，保卢斯将军的司令部在南面的一块，他坐在黑暗角落里的行军床上，样子颓丧至极。

第六集团军的"光荣"和可怕的痛苦都快要结束了。

1月30日，保卢斯电告希特勒："最后崩溃不出24小时之内。"

希特勒得到这个信息后，赶紧对斯大林格勒的那些面临死亡的军官们封官晋爵，显然希望这种"恩典"能加强他们顽强到底的决心。

希特勒对约德尔说，"在德国历史上，还从来没有一个陆军元帅被生俘的"，随即给保卢斯发去一封电报，授予他元帅节杖。117名军官也都升一级。1月31日晚，保卢斯向德军统帅部发出最后一份电报："第六集团军已打到最后一兵一卒一枪一弹。"

同日7时45分，第六集团军司令部的发报员自己决定发出了最后一封电报："苏联人已经到了我们地下室的门口。我们正在捣毁器材。"最后写上"ＣＬ"——这是国际无线电码，表示"本台停止发报"。

实际上，在第六集团军司令部并未发生最后一分钟的战斗。保卢斯和他的司令部并没有坚持到最后一兵一卒。总司令的地下室的黑黝黝的洞口，由一名苏军下级军官率领一班士兵窥看。苏军士兵叫黑洞中的德军军官投降，第六集团军的参谋长施密特将军接受了投降的要求。保卢斯瘫软无力地坐在行军床上。施密特问保卢斯："请问陆军元帅，还有什么话要说吗？"

此时此刻，曾不可一世的保卢斯竟连吭一声的力气都没有了。

1月31日，苏军最后粉碎了德军的南部集团。德军的南部集团残部，包括第六集团军司令官保卢斯元帅在内，无一例外地统统投降了。

2月2日，北部集团的残部也投降。至此，苏军彻底完成了伏尔加河畔的最大的会战，由德军及其仆从军所组成的最大的军队集团彻底遭到覆灭。9.1万名德军，其中包括24名将军，正在冰雪途中一步一拐地走向寒冷凄凉的西伯利亚战俘营。这批战俘都是饥肠辘辘，身患冻伤，大部分还负了弹伤，人人迷茫颓丧。他们抓紧了裹在头上的满是血污的毛毯，以抵御零下24度的严寒。两个月前，这支远征部队共28.5万人，现在除了2万名左右罗马尼亚部队和2000名伤员已空运回国外，残存者还就是这么多了。其余人员已全部战死，成为希特勒的牺牲品。

2月1日，希特勒和他的将领们在最高统帅部举行会议。会议里，希特勒像一头发疯的狮子，不断责骂在斯大林格勒被俘的保卢斯："他们已经在那儿投降了，正正式式、完完全全地投降了。他们本来应该团结一致，负隅顽抗，然后用最后一粒子弹自尽，那个人（保卢斯）应该举枪自杀，正像历来

的司令官眼看大势已去便拔剑自刎一样……"

希特勒越说越对保卢斯恨之入骨。希特勒还与蔡茨勒将军就如何向德国民众公布投降消息的问题，简单地交换了一下意见。

2月3日，即保卢斯等投降后的第三天，德国最高统帅部发布了一项特别公报："斯大林格勒战役已经结束。第六集团军在保卢斯元帅的卓越领导下，忠实地履行了他们战斗到最后一息的誓言，终为优势的苏军和不利于我军的条件所压倒。"

斯大林格勒的会战极其激烈，只有莫斯科会战可与之相提并论。

斯大林格勒会战反攻过程中，苏军共歼灭德军第六集团军、第四装甲集团军、罗马尼亚第三、第四集团军和意大利第八集团军。德军共损失32个师和3个旅，另外还有16个师伤亡50％至75％，损失人员80余万、坦克和强击火炮近2000辆、火炮和迫击炮1万余门，作战和运输飞机3000多架，以及汽车7万多辆。苏军把德军从伏尔加河和顿河击退几百千米。斯大林格勒战役是德国军队所曾遭到的最大的一次失败。

德军在顿河、伏尔加河、斯大林格勒地域总共损失了约150万人，占其当时在苏德战场作战总兵力的1/4，还有3500辆坦克和强击火炮，1.2万门火炮和迫击炮，约3000架飞机及大量的其他技术兵器。这些实力兵器的损失对法西斯德国的整个战略地位产生了极大的消极影响并彻底动摇了它的整个战争机器。

在斯大林格勒会战中，苏联军民充分表现了大无畏的英雄气概，进行艰苦卓绝的顽强作战，计损失113万人，终于赢得了辉煌的胜利。斯大林格勒会战结束后，从南到北向苏军各个方向的反击作战也频频告捷。列宁格勒、顿河流域、北高加索等地的德军先后败退。

苏联军民斯大林格勒保卫战的胜利，具有重大而深远的政治和军事意义。

首先，斯大林格勒会战使德军遭到沉重打击，元气大伤，粉碎了希特勒灭亡苏联、进而称霸世界的狂妄企图，改变了苏德战场的战略形势，是苏联卫国战争的重大转折点，也是欧洲战争乃至整个第二次世界大战的一个重要

转折点。苏军从此牢牢地掌握了战略主动权，苏德战争的进程开始发生根本转折。

其次，苏联军民斯大林格勒保卫战的胜利，引发了法西斯集团内部的深刻政治危机和军事危机。而对第二次世界大战爆发以来德军在苏德战场的空前失败，德军士气一落千丈，在德军内部甚至在部分希特勒将领中，对打赢战争的信心产生严重动摇。

在希特勒大本营里，怨声四起，一些纳粹将军还暗中策划了推翻希特勒的政变。德国与其伙伴和仆从国的关系显著恶化，这些国家的离心倾向日趋明显，不愿再听命于德国。斯大林格勒会战后，尽管希特勒一再坚持要求增加苏德战场的力量，但仆从国不愿再做出更多的承诺。日本在斯大林格勒会战后，也向德国表示，无法参加对苏作战。意大利、匈牙利和罗马尼亚军队在斯大林格勒的覆灭，使这些国家的执政者对希特勒的信心产生严重动摇，他们开始寻求退出战争的方法和道路。

3月26日，墨索里尼在给希特勒的信中，建议同苏联单独媾和。一些中立国家对德国也越来越持慎重态度。1943年，同德国保持外交关系的国家，从苏德战争前夕的40多个减少至22个。此外还有不少国家正在酝酿与德国断绝关系。

再次，苏联军民斯大林格勒保卫战的胜利，极大地提高了苏联的国际地位，扩大了社会主义制度的影响，巩固和扩大了国际反法西斯统一战线，进一步坚定了世界人民共同打败法西斯集团的信心，促进了世界反法西斯斗争的新高潮。

1942年至1943年，苏联同澳大利亚、古巴、埃及、哥伦比亚、埃塞俄比亚等许多国家建立了外交关系，连同卢森堡、墨西哥和乌拉圭先后恢复了外交关系。美英国家的政治家，看到苏联展示出来的强大威力及其战略、战术的明显提高，开始认真考虑和研究在欧洲开辟第二战场的问题。

苏联军民斯大林格勒保卫战的胜利，促进了在反法西斯同盟国团结合作道路上具有重要意义的苏美英三国首脑第一次会议——德黑兰会议的召开。

保卫之战

第二次世界大战欧洲战事

库尔斯克战役

　　库尔斯克战役，是二战中苏德战场的决定性战役之一，也是史上规模最大的坦克会战和单日空战。1943年7月，希特勒为夺回战略主动权，集中90万兵力，在库尔斯克地区发起重点进攻。但由于苏军已做好严密防务，且驻守了数量极为庞大的兵力，经一个多月的阵地战，苏军取得了胜利。德军由于损失巨大，从此再也无法对苏军产生威胁。

希特勒发起
新一轮攻势

德军自1941年6月入侵苏联至1943年年初，已经损失了200万以上的兵员。

除了历年的征补外，希特勒在1943年1月13日又发布了"防卫第三帝国"的总动员令，其中把男子征召的范围定在16至65岁。这样，德军此刻仍然能在东线保有198个师。

虽然素质不如往昔，但是其整体实力仍旧不可轻视。只是军备的生产一直赶不上作战的损耗，从而严重影响了德军的战斗力。例如1943年1月时，东线全部18个装甲师竟然只有495辆坦克可用，其困境可想而知。

与德军形成对照的是，苏军方面自从斯大林格勒大胜后，利用潮水般的猛攻解放了许多城市，并从中获得了大量的武器装备和充足的兵源。同时，苏联庞大的工业能力也源源不断地供给前线军备。

更值得注意的是，苏军T-34坦克的出现使德军也渐渐丧失了武器上的优势。这样，德军便陷入了被动的局面。

面对东线的严峻态势，转任南方集团军司令的曼施坦因，向希特勒提出了两种选择：其一是放弃邓尼茨河附近的土地以引诱苏军深入，待苏军战斗力衰竭后再予以反击；其二是乘苏军尚未完成攻势准备前先行发动攻击，借助大规模的包围及歼灭战重创苏军。

然而，不论是"先攻"或者"后攻"，对曼施坦因而言，充其量不过是在东线上造成一个和局罢了。

对兼任陆军总司令的希特勒来说，东线的攻守问题不仅仅是个战略问

第二次
世界大战
欧洲战事

题，更是个重要的政治问题。斯大林格勒大败之后，轴心国之间隐隐产生了一些动摇。

希特勒认为，若采取"后攻"，不仅将被迫放弃无数德军用鲜血与生命换来的广大的土地及资源，更会对巴尔干半岛上的轴心国家产生不良的印象。唯有采取主动攻势才能重新巩固"德军无敌"的神话，以加强各盟国的向心力。而且此时土耳其的问题也很棘手，同盟国及轴心国都想争取土耳其加盟，德军势必要在东线有所表现。

凡此种种因素，迫使希特勒作出了"先攻"的决定，而库尔斯克战线的突出部分正是攻击的最佳目标。

斯大林格勒惨败之后一直苦恼不已的希特勒决定先发制人，以库尔斯克为突破口，发起新一轮攻势，歼灭苏军主力兵团，保住奥廖尔突出部，为中央集团军群和南方集团军群的进一步东进创造有利条件。希特勒为此将集中50个陆军师，共90万人，2000多辆坦克。如此大规模的军事准备苏军岂会视而不见？

苏军通过有效的情报侦察，对希特勒的企图了如指掌。统帅部决定后发制人，先在库尔斯克地域以坚强的防御作战拖垮进攻的德军，尔后发起反攻，回兵削掉奥廖尔突出部。苏军在该地域投入了中央方面军和沃罗涅日方面军，共130万人，坦克也达近3000辆，另有草原方面军的强大预备队作后援。

1943年4月15日，德军开始拟定第六号作战行动。由中央集团军及南方集团军对库尔斯克一带的突出部分实施南北夹击，企图包围并歼灭其间的大量苏军。

依照曼施坦因的计划，攻势应当在5月初融雪期结束后发动，只要苏军整补还未完成，德军便有可能重演1941年的大胜。但是许多的因素使得攻击发起日一延再延，结果白白地延误了大好战机。

其中最重要的因素便是坦克数量的不足，重坦克更是如此。德军入侵苏联初期虽然在坦克数量上居于劣势，但是仍能靠优秀的乘员以及新式坦克打

败苏联。

　　但是随着战局的发展，出现了新的变化：苏军在1941年年底又研制出了新型T-34型坦克，这种坦克无论在火力、防护力还是机动力方面都比德国坦克优秀。因此，德军对新型坦克的需求已是迫在眉睫。

　　为此，德军也研制开发了新型"豹式"坦克以及"虎式"坦克。其中"虎式"坦克是搭载88毫米反坦克炮的重装甲坦克，深得希特勒的厚爱。希特勒甚至认为一个"虎式"坦克营即抵得一个普通坦克师的战斗力，因此坚持要等到拥有足够的数量时才发动攻击。然而此时"虎式"和"豹式"坦克的月产量不过各25辆而已。

　　不过这种窘状很快便得到改善。1943年2月，德军"装甲部队之父"古德里安将军出任德军装甲兵总监，肩负起重建装甲部队的任务。另外，修贝亚接任军需部长，统一并强化了德国的军需生产。由于这两人不断努力，德军

苏德战场（俄二战博物馆模拟场景）

装甲部队又渐渐恢复了元气。

1943年5月，北非的25万轴心军向英美盟军投降，这对希特勒而言无疑又是一个沉重的打击。而且，在扫清非洲障碍后，英美联军极可能在近期内进攻意大利，这也是个潜在的威胁。

在东部前线，越来越多的情报显示出苏军已经加强了库尔斯克一带的兵力。德军的攻势越往后延，苏军的防御工事就越坚固。况且此时苏联正以每月近千辆的速度生产T-34型坦克。德军担任北面主攻的第九军团指挥官摩德尔不得不一再请求增加部队，以面对越来越强的苏军。

这许多因素使得希特勒一再延后攻击发起日，直至7月初，德军才算完成攻击准备，而曼施坦因原本计划的时机早已不存在了。

与德军一筹莫展的境况相比，苏军也强不到哪儿去。在红军最高指挥部内，斯大林和以朱可夫为首的将军们也面临着"先攻"或"后攻"的抉择。然而他们借助于"露西"间谍网的帮助，准确而迅速地作出了决定。

"露西"是鲁道夫·李斯特的匿名。他在第一次大战时即加入德军，但他却是个彻底反纳粹的人。纳粹兴起后，李斯特偷偷组织了10名反纳粹的军官，这10人都留在战后的国防军中，其中5人升至将官。8人任职于国防军最高司令部，另两人任职于德国空军。

李斯特本人则住在瑞士，随时将手下得到的情报传到苏联，这些情报后来果然起到了重大的作用，连李斯特自己也始料不及。

早在1943年4月，"露西"即对红军提出了警告：德军将在泥泞期结束后立即发动夏季攻势，而库尔斯克的突出部正是德军的攻击目标。由于情报准确，再加上希特勒一再延后开战日期，苏军遂得以从容布置防御阵地，静待着德军的攻击。

对垒双方都深谙空中支援之道，为此都投下了血本。德国空军集结了2000余架飞机，占苏德战场的70%。其中13个大队专门从德国本土和法国、挪威调来，这当中不乏能征善战的精锐之师，包括曾击落近千架敌机的第三战斗联队、第五十二战斗联队，以及俯冲轰炸航空兵主力——曾在波兰参与维

卢尼大屠杀、在海上击沉苏联"玛拉塔号"战列舰的第二俯冲轰炸联队。

苏军的投入也并不逊色，他们投入了中央方面军空军第十六集团军、沃罗涅日方面军空军第二集团军、西南方面军空军第十七集团军和远程航空兵主力兵团，共有飞机3100架，兵力数量远远优于德军。

苏军的主力战斗机是雅克-3、雅克-9和拉-5，性能与德国最新型的Me-109G和FW-190A大体相当，特别是拉—5H型属最新改进型，首次投入战场。该型飞机发动机1850马力，比一般战斗机高出80马力，机动性好，坚固耐用。

苏军在库尔斯克一带共集结了130万名士兵、超过2万门的火炮和3500辆坦克，他们分属北边洛克索夫斯基指挥的中央方面军以及南边瓦图丁指挥的佛洛尼兹方面军。另外库尔斯克的北面有帕波夫指挥的白扬斯克方面军，南边是马林诺夫斯基的西南方面军。其后的预备队则是可涅夫指挥的斯帝普方面军。这些兵力合在一起，总数超过200万，坦克更多达5000辆。

苏军把这项行动取名为"库图佐夫作战"。苏军在德军可能进攻的方向，以层层的地雷、铁丝网、碉堡及战壕构成一个巨大的防御阵地。

据估计，平均每千米正面埋下了1500枚以上的反坦克地雷以及无数的人员杀伤雷。其密度是莫斯科防御战的6倍，斯大林格勒会战的4倍。

与此同时，苏军一道道的壕沟及反坦克阵地也布满了库尔斯克地区。光是中央方面军就挖了大约54公里的战壕。每个阵地有三五门重型反坦克炮，并有交通壕互相联结。苏军将许多反坦克炮放在改装的农舍中，前线的坦克也开进坦克壕中，仅露出炮塔射击。这种阵地战准备的规模之大，也是历次战争中罕见的。

为了防御德国空军的攻击，苏军在库尔斯克突出部内集结了9个防炮师、40个防空团、17个防空营，甚至还有10列防空装甲列车。

在苏军做好了充分准备的同时，德军至7月初也已完成所有的攻势准备：担任北面夹击任务的是克鲁格指挥的中央集团军，下辖第二装甲军团及第九军团，担任主攻的第九军团由摩德尔指挥，辖有6个装甲师、1个机械化师及

10多个步兵师。大约有960辆坦克、2400门火炮，第二装甲军团则防守奥廖尔突出部以掩护第九军的翼侧。

伴着苏联平原的暖风阵阵吹来，数千辆坦克和数千架飞机齐聚库尔斯克地域，一场规模空前的空地大血战即将拉开帷幕。

北线的战斗首先在空中打响。还在双方筹备战事阶段，双方空军就竞相以对方航空兵为主要目标展开了一场对攻战，目的都是为即将打响的大决战做准备。

5月6日，苏联空军首先发起空中进攻战役，连续4天猛烈地轰炸库尔斯克及其毗邻地区的德军26个机场，出动飞机总数高达近1400架次，在机场上击毁德机370余架，击伤50多架，令惯于突击敌方机场的德国空军饱尝了被别人攻击之苦。

5月8日开始，苏军又进行了第二次空中进攻战役，继续猛轰德军机场，出动规模竟达到了3360架次。在突击机场的同时，苏联空军还对战区内和德纵深交通线、仓库、通信指挥中心施加了猛烈打击。

德军也出动大批飞机对苏军机场和铁路线进行突然轰炸。

6月2日，德军近300架轰炸机在战斗机掩护下，分多批扑向库尔斯克铁路枢纽，苏军起飞近400架歼击机拦截，经过数小时空中对攻，一举击落德军第一梯队轰炸机近60架。

但德军后续梯队的160架轰炸机乘机突入了库尔斯克，对铁路枢纽投下了数十吨炸弹，致使苏军铁路运输中断了12小时。此役德军总共损失飞机约145架，苏军损失则少得多。

苏军这两次空中进攻战役，使德军航空力量受到一定程度的削弱，改善了空中力量对比，为即将打响的大决战创造了良好条件。

在库尔斯克南，德军的实力也不弱。在那里，主攻的第四装甲军团由霍斯指挥，辖有5个装甲师、一个机械化师及5个步兵师。右侧是肯夫指挥的肯夫军团，包含3个装甲师及3个步兵师，士兵总数也有20万之众，拥有坦克1500辆。

加上全线的防御及支援兵力，德军在库尔斯克一共投入了约90万名士兵、2700辆坦克、2000多架飞机以及1万门火炮。其全部兵力占德军总兵力的1/3。

当大进攻进入倒计时阶段时，双方的空军都加紧展开了侦察工作。

7月2日，希特勒在东普鲁士的总统大本营中召见德军的高级将领及主要的前线指挥官。由于德军攻势延后，侦察得到的种种迹象都显示苏军已经增强了兵力，德军已经不可能再有奇袭的优势。

曼施坦因最初原本倾向"后攻"方案，后来虽然勉强同意采取"先攻"，但拖到此时，情势已经改观了。在一番分析比较后，希特勒最后下令：7月5日凌晨3时30分展开强击。

苏军代理最高指挥官朱可夫及参谋总长华西列夫斯基在综合各项侦察情报后，于7月2日对各地守军提出警告。他指出德军可能在7月3日至6日展开攻击，要求各地军队严加戒备。

至4日晚上，苏联中央方面军的侦察部队发现前线的德军工兵正在清除前线的地雷带，便派兵追歼。

双方发生小规模的冲突后，苏军带回一名德军俘虏。该俘虏属于德军第六步兵师的工兵营，他透露说：德国将于翌日凌晨3时30分发动攻击，各部队已进入战斗位置等。有了这些情报后，苏军将领们对战局更加有把握了。

7月5日凌晨3时25分，就在德军准备猛攻之际，一枚枚重型炮弹突然从天而降，砸向德军阵地。紧接着，苏联空军也一齐冲向德军前线机场，只几分钟便炸毁德机60余架。幸亏一些德战斗机部队反应敏捷，紧急升空，遏制了苏机的攻势，停放在各机场上的大批轰炸机才未遭到更大损失。

但它们发起进攻的时间却被迫推迟。早上5时30分，稳住阵脚的德军才分别从北面的奥廖尔和南面的别尔哥罗德发起了南北对进攻势，早有防备的苏军地面部队立即展开了顽强阻击。

德国空军为了给接下来的坦克部队前进铺平道路，在南北两路的进攻方向上均投入了大量轰炸机、俯冲轰炸机和强击机。

　　同时还派出大批战斗机为轰炸机和地面部队提供空中掩护。苏联空军也针锋相对，派出大批歼击机争夺制空权，拦截来袭之敌，同时以轰炸机、强击机猛轰敌地面部队。

　　双方在地面战场均投入了上千辆坦克和自行火炮，双方空军均拿出反坦克杀手锏。苏军强击机配备了一种新式反坦克聚能炸弹，它重约2.5公斤，能击穿德军最新型的"虎式"和"豹式"坦克。

　　德军则使用了两种专用反坦克攻击机，一种是改装了的HS—129 B 2强击机，它发射的穿甲弹由钨合金包覆弹头，能穿透数十毫米厚的坦克装甲；另一种是JU—87G型飞机，摧毁力更大。这两种飞机均在1942年下半年研制成功，属世界第一批专用反坦克攻击机，德军用它们组建了若干个反坦克攻击大队，指望它们能在这次行动中一显身手。

　　激烈的战斗在空中和地面同时铺开。双方的歼击机与歼击机之间、歼击机与轰炸机之间、轰炸机与坦克之间展开了天昏地暗的大混战。空战、空袭、反空袭交替进行，直杀得库尔斯克地域烈焰翻卷不休，浓烟遮天蔽日。

德军丧失
优势步步败退

1943年7月12日，德军南方集团军对普洛赫洛夫卡发动了总攻击。如果德军能顺利占领该城，那么德军进攻库尔斯克的取胜把握便会大增。

德国担任主攻的是豪瑟将军指挥的第二军团，辖有近700辆坦克。纳粹武装近卫队是希特勒的私人军队，也是希特勒种族优越神话下的产物。

加入纳粹武装近卫队的士兵不仅要有纯正的雅利安血统，也要求具备强健的体格。纳粹在宣传上总是将纳粹武装近卫队塑造成钢铁般的劲旅，但实际上纳粹武装近卫队缺乏有经验的各级干部，战斗的伤亡率颇高，并不见得比国防军的精锐部队高明多少。不过第二军团的人员及装备补充都有优先权，编制也比国防军的部队大。因而，纳粹武装近卫队仍称得上是德军引以为傲的精锐部队。

在纳粹武装近卫队左侧是身经百战的第四十八装甲军，右侧还有肯夫军团的300辆坦克支援。自清晨发动攻击开始，德军就陆续遭到苏军数个机械化部队的攻击，到了大约上午9时，两军的主力终于在普洛赫洛夫卡城的南郊遭遇。

作为苏军先锋的第五近卫坦克军团首先冲进了德军的队伍中。德军坦克炮虽然能在1500至1800米的距离开火，但此刻它们面对苏军坦克的全速出击只能望洋兴叹，于是两军很快纠结在一起。

在这种情况下，德军"虎式"坦克强力的火炮以及苏军的拉—5Ｈ型坦克，都无法讨到什么便宜，它们那巨大的炮塔不易旋转反而成了致命伤。不多久，草原上到处都是坦克的残骸。浓密的硝烟弥漫着战场，坦克行进和射击扬起的沙土更阻碍了两军的视野，双方的士兵也混杂在其中互相厮杀。

在近距离对攻中，无数的惨烈战斗不断地在上演，炮声、枪声、爆炸声和哀号声处处可闻。坦克乘员侥幸从燃烧的坦克里爬出后，往往被迫拿起步枪像步兵一样地作战，有时双方的坦克兵甚至用匕首肉搏。

就在南线坦克部队激战正酣之时，北线也展开了正面对攻。不过唱主角的却不是坦克而是空军。担任北线防御的苏联空军第十六集团军，从开战第一天起就同德军展开了激战。

空战中，苏联飞行员表现出的机智勇敢，加上飞机本身性能良好，一架架德军飞机拖着浓烟撞向地面，往往还误中自己的坦克。战斗中，苏军研制的聚能炸弹大显神威，强击航空兵师使用这种武器，一口气便干掉了德军坦克30辆，以致德军坦克参谋长梅伦将军悲叹道："许多坦克成了苏联空军的牺牲品，俄国飞行员表现得特别勇敢。"

在空军的有效支援下，苏军地面部队顽强地顶住了各路强攻的德军。至7月5日夜，德军仅在奥利霍瓦特卡方向楔入苏军防御区至8千米。

然而，防御战役的第二天表明，苏联空军为压制和消灭大量目标分散了自己的兵力。歼击机的作战也暴露出一些缺点：他们迷恋于同德战斗机作战，有时竟把德轰炸机置之不个顾；有些歼击机巡逻队只在己方上空值班待命，没有按高度作梯次配置，这样就只能通过不间断的空中巡逻来掩护地面部队，造成了兵力的大量消耗。

7月6日，苏军航空兵克服了前一天作战中存在的缺点。他们注意监视空中情况，必要时还用机场值班分队来加强歼击机巡逻队。为了更加主动地打击德机，他们甚至还大胆地把巡逻警戒线推至敌占区空域。

德军航空兵遇到顽强的抵抗，其攻势严重受挫。而苏军航空兵却不断加强突击，这一天出动架次比7月5日多了一倍。在战斗机的92次空战中，共消灭德机110多架。轰炸、强击航空兵也于6日展开了强大的反突击，给楔入防线的德军造成重大伤亡。

从7月7日开始，苏军牢牢地掌握了战区北部的空中主动权，大部分德军轰炸机还未开到战场即遭到了拦截，并且损失惨重。

　　至10日，德军在奥寥尔—库尔斯克方向上的进攻能力已经枯竭，不得不转入了防御。

　　首先，北线作战中，苏空军第十六集团军出动飞机7600架次，远程航空兵出动800架次，共消灭德军飞机近520架，有力地支援了地面部队粉碎德军进攻。

　　陆军部队对他们的表现给予很高评价，第十三集团军总指挥在报告中写道：

　　　　请向空军全体人员转达我们地面部队的衷心感谢，感谢他们从空中给我们的积极支援。我们都怀着爱戴的心情赞扬自己的战友从空中实施的成功突击。

⚐ 苏德战场上的德军（俄二战博物馆模拟场景）

在南线，担任防御的苏军航空兵打得更加顽强。

当德军从别尔哥罗德向库尔斯克城以南的奥博扬发起主攻后，沃罗涅日方面军几乎将其所有兵力都集中到了奥博扬一线。

从5日开始，德苏又展开了歼击机大战，参战飞机之多、空战频率之高、战况之惨烈，均达到惊人的程度。在宽20公里，长69公里地区上空，同时有德苏的2000多架飞机在纵横交织，几乎遮蔽了天空。一次参战的飞机常常多达100至150架。7月5日双方编队空战达近100次。

至10日止，苏军仅空军的歼击机就进行了200多次空战，击落德军飞机330架，自己只损失150多架。

强击航空兵和轰炸航空兵主力，用于打击猖狂北进的德军坦克集团。头两天，强击机和轰炸机都以6至8机编队活动，收效并不很大。后来为了提高突击效率，减少飞机的损失，便改以三四十机编队实施集中突击。因为大编

队强击机和轰炸机的防御能力更强，歼击机也更容易掩护。如此铺天盖地的空中火力，给德军的进攻造成了极大的困难。

面对苏军优势兵力的顽强抵抗，7月10日，损失惨重的德军被迫中止了对奥博扬的进攻，德军第一阶段南北对进计划就这样被无情粉碎了。

但是，希特勒不肯罢休，他进行了重新部署，把进攻重点放到南线，将坦克师、机械化师和航空兵的主力调到了奥博扬东南的普罗霍罗夫卡地域，打算从东南方向迂回包抄库尔斯克。沃罗涅日方面军针锋相对，及时调整了自己的部署，决心以攻对攻，彻底粉碎进攻之敌。

至7月23日，沃罗涅日方面军的部队完全恢复了7月5日前所处的位置。在别尔哥罗德—库尔斯克方向防御战役期间，苏军航空兵共出动飞机近2000架次，击落德机近900架。至此，希特勒攻占库尔斯克的"卫城作战"计划彻底破产。

苏军赢得
世纪坦克之战

　　早在战役开始之前，苏军统帅部在作战计划中就明确规定，在挫败德军攻势后，应抓住战机，对德军占领区实施全面反攻。

　　1943年7月12日，双方南线部队鏖战普罗霍罗夫卡之际，苏军便在北面开始执行"库图佐夫"计划，一直伺机而动的西方面军和布良斯克方面军分别从奥廖尔突出部的北、东两个方向发起了强大攻势，总兵力超过德军两倍，占据了绝对优势。战斗开始前夜，苏军远程航空兵和夜间轰炸航空兵在两个方向上进行了长时间、大规模的航空突袭，对德军火炮阵地、防御支撑点和兵力集结地域彻夜猛轰，炸得德军晕头转向。其中在东线出动了600多架次，投弹550吨。

　　12日晨，各路航空兵又以猛烈的直接火力并施放烟幕掩护陆军发起了地面冲击。北线，强击航空兵也连续出动，为进攻部队清障开道。

　　发起进攻一小时后，德军轰炸机群飞临战场上空，企图对苏军部队实施突击。早在空中和机场待战的近卫歼击航空兵第一军的歼击机立即迎击，它们以猛烈的攻击将德轰炸机队形打乱，使其无法对苏军部队进行瞄准轰炸。

　　当日，苏军航空兵共出动飞机2100多架次，空战70多次，消灭德机80多架，自己则损失近60架。与苏军飞行员共同作战的还有"自由法国"志愿飞行员组成的"诺曼底"大队，他们由戴高乐将军派遣，于1943年5月到达前线，编入空军第一集团军。他们在同德机的格斗中表现尤为英勇，至7月底，已击落德机30余架。

　　在8天之内，苏联西方面军部队推进了70公里，布良斯克方面军部队推进

了20公里。德军急忙增调来10个师的兵力，发起了强大的反冲击。

苏军空军出动第一和第十五集团军的几乎全部兵力，对德军反冲击部队实施全力突击，打得德军人仰马翻、尸横遍野。仅7月25日一天，空军第一集团军就消灭德军大约25辆坦克、150辆汽车、5个炮兵连和大量步兵。

至7月29日止，博尔霍夫的德军集团完全被粉碎。

在东线，强击航空兵第三军于12日晨也向德军发起猛攻，消灭和压制突破地段上的德军火器和部队。在部队发起冲击前5分钟，89架轰炸机又对德军一些重要的抵抗枢纽和炮兵阵地投下了500枚爆破弹和3000多枚杀伤弹。

轰炸机、强击机和炮兵的集中突击，打得德军士气沮丧，防线土崩瓦解，苏军乘势推进。强击机不停地消灭德军残存的发射点和抵抗枢纽部。苏军地面部队在航空兵的支援下节节推进，

至7月16日已前出到奥列什尼亚河。7月19日，德轰炸机以8至35机编队在战斗机掩护下出动，攻击北线苏军坦克兵团，严阵以待的苏军歼击机与之展开激烈空战，击落德机23架，其余德机落荒而逃。

8月4日拂晓，苏军突入奥廖尔城，一天之内城内德军便全部被肃清。

在北线，坚守在那里的中央方面军也于7月15日对奥廖尔突出部南翼发起猛攻。空军第十六集团军每天出动飞机1000多架次，实施强有力的空中支援。8月6日，苏军收复了奥廖尔市南面重镇克罗梅。

德军兵败如山倒，全线大溃逃，苏军乘胜转入追击。侦察机频频升空，四下捕捉德军动向，轰炸机、强击机、歼击机昼夜不停突击奥廖尔一带的公路、铁路网，无情追杀逃窜中的德军车队。8月6日至10日，德军有60列列车和大批坦克、汽车被击毁，死伤惨重。8月18日，奥廖尔反击战胜利结束。此役苏军航空兵共出动6万多架次，投弹5000吨，为战役胜利立下了大功。

南线的大反攻从8月3日开始。反攻前夜，远程航空兵飞机在突破地段实施了突击。翌日晨，在部队发起冲击前两小时，空军第二集团军的轰炸机和强击机在歼击机掩护下，对突破地段上的德支撑点进行了压制。而在部队发起冲击前，两个空军集团军又有200多架飞机对主要防御地带内的目标实施了

集中突击。

在苏军航空兵和炮兵的有效打击下，德军支撑点的火器有的被击毁，有的被压制，所以在进攻的头30分钟内，德军基本上没有进行抵抗。个别炮兵刚准备开炮，便被战场上空的苏军强击机发现并击毁，沃罗涅日方面军当日上午即占领了德军主要防御地带。

困兽犹斗的德军把大量航空兵投入被突破地段，意欲阻止苏军的进攻。其轰炸机主要以小编队活动，重点突击苏军进攻的步兵和坦克。但每次袭击都遇上了苏军歼击机的猛烈拦截，纷纷败下阵来。在强有力的空中掩护下，沃罗涅日方面军的坦克集团军很快突破了德军防御，至8月3日夜已向前推进了26公里。草原方面军部队也突破敌防线，楔入9公里。

8月5日，草原方面军部队首先解放了别尔哥罗德，并向哈尔科夫防线外围逼近。几日后，沃罗涅日方面军也将德军别尔哥罗德—哈尔科夫集团军拦腰切成两段。德军急忙把预备队从其他地段调往哈尔科夫一带。苏军空中

坦克 ▼

侦察机及时发现了德军的调动，苏军也采取了果断的措施，调来大批航空兵给予打击。南方面军空军第八集团军第一个投入对德军预备队的战斗，其轰炸机向调往哈尔科夫地区的敌坦克兵团和摩托化兵团发起猛烈攻击。空军第十七、第五和第二集团军的轰炸机和强击机也先后参战。他们成功地袭击了沿线许多铁路车站，消灭了行进途中的许多军列和汽车纵队。

由于苏联陆军和空军协调一致的行动，德军的反突击一直未获成功。空军第二集团军的飞行员几天就消灭了德军数十辆坦克、数百辆汽车，以及几个火炮和迫击炮连。德军损失惨重，被迫退却。

当沃罗涅日方面军正在抗击德军的反突击的同时，草原方面军又于8月18日突破了哈尔科夫外围防线，对德构成三面合围态势。德军弃城出逃，苏军立刻派出空军第五集团军几乎全部兵力进行阻截。仅8月21日至22日，苏军就出动1300架次，击毁、击伤坦克多辆、汽车上百辆。

总之，在别尔哥罗德—哈尔科夫方向的反攻中，苏联航空兵共出动飞机2.8万架次，为陆军部队完成任务创造了很好的条件。

自7月12日开始，苏军的反攻便一浪高过一浪，蓄势已久的苏军投入了大批的预备队，使得库尔斯克一带的苏军累计兵力多达260多万人、火炮5万多门、坦克8200辆、飞机也多达近7000架。连日来德军也对库尔斯克增援，一共投入了15万余人，16万门火炮以及5000辆坦克、5000架飞机。

7月13日，希特勒紧急召回克鲁格和曼施坦因两位前线总指挥，在一番商议后，克鲁格兵团撤出苏联前线，用于防守英美盟军在意大利的新攻势。最终，希特勒只同意让曼施坦因单独继续作战。曼施坦因也认为自己军队已到了胜利的边缘，只要继续努力就一定能消灭南部苏军主力。

然而，曼施坦因这次可能误判了战况。苏军不仅拥有超过他想象的预备队，同时也已经准备进攻南部德军的右侧面，该地面仅有少数德军防守而已。但由于曼施坦因的顽强作战，严重打击了南线的苏军，许多苏军部队一直等到8月3日才发动反攻。

在北部的奥廖尔方面，苏军以第十一近卫坦克军团为主，向德军名将摩

德尔的第二装甲军团的阵地突破，其火炮的密度达到每公里150至200门，坦克密度也达到每公里15至20辆。尽管苏军此次反攻规模堪称世界之最，他们却仍然无法重演斯大林格勒的大包围。摩德尔利用数道预备好的防线，巧妙地迟滞苏军的攻势，从容地将德军撤出了奥廖尔。苏军用在奥廖尔的兵力达到近130万人，此外还有2万门火炮及2400辆坦克、2000架飞机。

德军方面，摩德尔除了49万部队外，还有1000辆坦克及1000架飞机。

直至8月5日苏军才终于收复奥廖尔，此时大部分的德军已安全撤退到下一道防线。而在南部战线，希特勒于7月17日又撤出了装甲军前往意大利。曼施坦因虽然非常不愿意，但也无可奈何。最后南部战线只好改攻为守，苏军乘机展开了全面反攻。

最后，长达两个多月的库尔斯克战役以苏军大胜、德军惨败而告结束，是苏德空战的一个转折点。

整个战争中，德军损失坦克近2000辆，飞机损失更达3000多架。经库尔斯克一役后，德军元气大伤，再也无力阻止苏军前进。

不过德军的防御仍然可圈可点，减缓了苏军的前进。在战争进入尾声时，苏军又于8月23日夺回了哈尔科夫。但直至11月6日，苏军才进入基辅，接着光复了整个乌克兰。往后，整个东线就是苏军不停地进攻，德军不断地防御，直至苏军攻入柏林为止。

在这次史无前例的大规模战役中，苏德双方皆动员了上百万的士兵以及数以千计飞机，尤其令人注目的是双方共投入了4000辆坦克展开铁甲对攻，堪称"世纪坦克之战"。

在这场历史上最大的坦克大会战中，德军耗尽了几乎全部的坦克师。

与此同时，苏德双方空军作战之惨烈也是历次战争中绝无仅有的。在经过10多天的血战后，希特勒的东线扩张野心被重重地打上了休止符。

保卫之战

第二次世界大战欧洲战事

苏美攻克柏林

　　1945年春，苏、美、英、法四国军队已在德国本土作战。苏军距柏林仅60千米，准备给德军以最后歼灭性打击。美、英军的先头部队则已前出到易北河，距德国首都约120千米。苏军在对柏林的强攻中采取多路向中心突击，经激烈巷战，于4月27日突入柏林中心区，29日开始强攻国会大厦，5月2日柏林卫戍司令率部投降。法西斯德国就此灭亡。

盟军陈兵百万
围困柏林

柏林位于德国的东部，第二次世界大战时期纳粹德国的首都。曾经这里是全世界关注的中心，希特勒穷兵黩武，在这里发出了征服世界的号令。

然而，在全世界人民的共同抗击下，纳粹德军在东西两线频频受阻，江河日下，越来越显得力不从心。

1945年，苏联百万大军与德军就在这里展开了最后的决战。第二次世界大战进入最后一年，也到了最后的关头。

1945年年初，苏军推进到德国境内的奥德河和尼斯河一线，即开始作进攻柏林的准备。从这里到柏林只有60千米远了。

东线的苏联红军紧锣密鼓，枕戈待旦。

此时，西线的英美盟军也已攻入德国境内。然而就在蒙哥马利率领的第二十一集团军群和布莱德雷率领的第十二集团军群以迅雷不及掩耳之势向东挺进之时，3月28日，盟军最高司令官艾森豪威尔将军事先不与联合参谋长们和盟军副司令蒙哥马利将军磋商，就直接向美国驻莫斯科军事使团团长迪恩少将发出一封递交给斯大林的电报。

电报中艾森豪威尔指出了英美盟军的攻击目标是埃尔富特、莱比锡、德累斯顿等地区，而没有把柏林包括在内。

电报于3月28日当天递交给了斯大林。艾森豪威尔的这一自作主张的举动，立即在盟军中引起很大的震动。

在英美盟国当中，英国首相丘吉尔和盟军副统帅蒙哥马利是坚决主张进攻柏林的。本来，艾森豪威尔也同意下一步的主要攻击目标应是柏林。直至

3月27日，蒙哥马利还在作战报告中告知丘吉尔，他率军向易北河和柏林突击。然而，仅事隔一天，艾森豪威尔就改变了主意。

因此，当丘吉尔和蒙哥马利得悉电报的内容时，大为吃惊。丘吉尔感到艾森豪威尔擅自决定的不仅是军事上的目标，而且是政治上的目标，无疑是超越了他的职权范围。

此外，丘吉尔也不同意这位盟军司令的决定，他认为抢在苏军之前拿下柏林，对西方与苏联讨价还价时会大有益处。但是，不论丘吉尔和蒙哥马利怎样反对，艾森豪威尔主意已定，认为柏林已不再是一个重要的目标了。

艾森豪威尔之所以不把柏林作为主要攻击目标自有他的道理，而且他认为这些理由是无可辩驳的。

他认为如果向柏林突击会使他付出伤亡10万人的代价，在战争即将结束之时，未免得不偿失，而且他还得到报告说，德国重兵不在柏林，而是云集在德国南部、奥地利和捷克斯洛伐克。

就这样，艾森豪威尔一纸电文将柏林拱手让给德国人最不情愿的俄国人手上。

1945年3月29日，在通往莫斯科的一条道路上。几辆吉普车疾速向东飞奔，车里坐着苏联红军白苏联第一方面军司令朱可夫元帅和他的随行人员。他这次是应苏联最高统帅斯大林之召返回莫斯科的。根据最高统帅部的部署，白苏联第一方面军、白苏联第二方面军和乌克兰第一方面军被赋予了攻克柏林的任务。

两天之后，苏联最高统帅部在莫斯科召开作战会议，会议的中心议题是制订柏林战役的作战计划。

经过反复审慎的研究之后，最高统帅部进一步明确由朱可夫的白苏联第一方面军向柏林实施主要突击，科涅夫的乌克兰第一方面军和罗科索夫斯基的白苏联第二方面军从柏林南、北两个方向上实施辅助突击，其中乌克兰第一方面军还负有协助白苏联第一方面军合围并攻占柏林的任务。

为确保柏林战役万无一失，最高统帅部对三个方面军的兵力给予了极大

加强。白苏联第一方面军任务最重，因此兵力也最多，共有11个集团军又4个军；乌克兰第一方面军任务稍轻，共有8个集团军又5个军。白苏联第二方面军不负有直接进攻柏林的任务，因此兵力也最少，只有4个集团军又5个军。

这样3个方面军加起来拥有的兵员总数达到250万。

俄国人磨刀霍霍，英美盟军也步步紧逼，德国人的日子越来越不好过了。

1945从1月19日起，德国最高统帅部因战局所迫迁至柏林办公，希特勒本人则在柏林市中心的总理府地下深处的避弹室定居了下来。此时的希特勒

正向柏林前进的苏军（俄二战博物馆模拟场景）

被东、西两个战线上雪片般飞来的战报搞得焦头烂额，他的思想越来越变得虚无缥缈，已无法清醒地认识到德国的真实处境。

对于身边的人，希特勒也完全失去了信任感，认为他们都在欺骗自己。对于一些敢于直言不讳的将领，稍不经意，希特勒就予以撤换。

战争初期，德国装甲大军势如破竹，攻无不取，使希特勒坚信他的军队是不可战胜的，他认为眼下的失利完全是由于手下将领指挥不利造成的，德国还没到山穷水尽的地步。

对于苏联红军在柏林城下陈兵百万和几千辆坦克，希特勒并没感到恐惧，他自信能击退这些俄国人。

此时的德军已无法与战争初期同日而语，柏林的守备也谈不上固若金汤，但要想夺占它，也并非易事。

担负柏林守备任务的德军主要是海因里希将军指挥的"维斯瓦"集团军群和舍尔纳将军指挥的中央集团军群，共有48个步兵师，9个摩托化师，6个坦克师，37个步兵独立团，近100个步兵独立营和大量的炮兵部队。

此外，柏林城里守备部队还有20余万人，德国陆军总部的预备队还有8个师。这样加起来，守卫柏林的德军共有100万人，坦克和自行火炮1500辆，大炮1万多门，飞机3300架。

为了防御柏林，德军统帅部还采取了"专门措施"。城市按其所辖范围划分成为8个防御地区。

另外还设置了9个特别防御区，负责掩护政府各办公大楼、帝国办公厅、秘密警察总部和国会大厦所在地的柏林市中心区。

在城市的直接接近地上德军构筑了三层防御地区：外狙击区、外城廓和内城廓。每层防御地区内都构筑了大量坚固工事、碉堡和障碍物。沿街楼房的窗户都经加固而变成了发射孔。

为了进行巷战，德军统帅部还动员市民组建了200个民众突击队营，希特勒法西斯青年团的团员自愿组成反坦克歼击队。

苏联人大兵压境，挽弓待发，德国人调兵遣将，严阵以待，一场大战马上就要爆发了。

第二次世界大战欧洲战事

苏军铁拳砸开
"柏林之锁"

1945年4月15日，柏林。

夜幕渐渐降临，天黑了下来，天空中群星闪烁。如果是在别的时期，德国首都的居民们都会走上街头，公园和广场草地上也都要挤满了人。可是现在柏林市民却不得不小心翼翼，早早地躲进地下铁道的车站和防空洞中。

柏林在等待着同盟国空军的轰炸。可是大家都很惊奇，这一夜警笛一声没响，始终保持沉默。人们渐渐放松了紧张的情绪，不少人开始返回住所。近来柏林已很少有这样的安静之夜了。

凌晨4时，柏林突然震动了一下，像受到地震一般。接着从远处传来巨大的响声。几分钟后，惊慌失措的人们再次冲出家门，他们以为柏林又遭到空袭了。

4时20分，一份电报从东方前线的一个师部发回柏林防卫司令部：

我们遭受到残酷的炮火，与各团部断绝了联络，我们面前发现了莫名其妙的强光，像几十万支蜡烛，也许是新式武器，也许是化学武器……

这是苏联红军从奥得河、尼斯河一线对柏林发起全线总攻了。

刹那间，2万多门各种口径的火炮齐声怒吼，成千上万枚炮弹疾风骤雨般地向德军阵地倾泻，爆炸声惊天动地。正是这阵阵炮声惊动了柏林市民。

在红军炮火的密集轰击下，德军的坚固工事被摧毁，坦克掩体被高高地

191

抛向空中，掩蔽部被夷为平地。

那么，电报中说的强光又是怎么一回事呢？其实，那并不是什么新式武器，也不是什么化学武器，而是白苏联第一方面军进攻时使用的140部防空探照灯。

这是朱可夫元帅搞的"疑兵之计"。

在以往的作战中，苏联红军一般都是白天发起进攻，对此德军早已习以为常。

而这一次，在筹划柏林战役时，朱可夫突发奇想，打算从夜间发起进攻，这样可以大大出乎德军的意料，打德军一个措手不及。但这样做也有一个难题，就是夜间进攻，坦克和步兵不易发现目标。后来，有人提出使用强

⚡ 攻击柏林的炮火

192

功率探照灯为坦克和步兵照明的办法，这个办法受到朱可夫的批准。

正如朱可夫预料的那样，红军于凌晨4时发起进攻后，完全出乎德军的意料，大多数德军官兵还在梦中即命丧黄泉。

强光照亮了苏军坦克和步兵冲击的目标，在强大的航空兵和炮兵火力支援下，数以万计的红军步兵和几千辆坦克潮水般地冲向德军阵地。

天渐渐亮了起来，德军这才像是从睡梦中醒过来，开始拼命抵抗。白苏联第一方面军的一线攻击部队前进受阻。特别是在泽洛高地，德军的防御极其顽强，红军几次冲锋都被挡了回来。

泽洛高地位于柏林的正东方，是进攻柏林的必经之地。这里山高坡陡，地势险要，犹如一面厚墙挡住了白苏联第一方面军的前进道路。它的后面即是一片高原，因此一旦攻下泽洛高地，红军就可以直接冲到柏林城下。正是看到这一点，德军把泽洛高地当成防御柏林的最后一道关口，不仅调集重兵把守，而且构筑了大量坚固碉堡工事。

希特勒的宣传机构则把它吹嘘成"柏林之锁""无法攻克的堡垒"。

德国人的功夫没有白下，尽管红军不惜一切代价，坦克和步兵轮番发起冲击，但直至中午，泽洛高地的防御仍然是完整的，红军未能前进一步。

时间在一分一秒地流逝，形势也越来越紧迫。在南面，科涅夫的乌克兰第一方面军已顺利渡过尼斯河，向德军的纵深发展进攻。

迫不得已，朱可夫命近卫第一坦克集团军和近卫第二坦克集团军立即投入战斗，攻击泽洛高地。

近卫第一坦克集团军和近卫第二坦克集团军是白苏联第一方面军中攻击能力最强的。关于两个集团军的使用问题，最高统帅部曾指示朱可夫将它们用于北线对柏林实施迂回。

但朱可夫没有按着最高统帅部的要求去做，在制订作战计划时，只留一个坦克集团军从北面对柏林实施迂回，而让另一个坦克集团军从南面迂回柏林。

按原定计划，两个坦克集团军要等第一梯队步兵集团军突破德军第一线防御，打开突破口之后再投入战斗。但眼下的形势是第一梯队集团军没有在预定

时间内打开突破口，而且进攻受挫，如果再拖下去，将严重影响作战进程。

因此，朱可夫将两个坦克集团军提前投入战斗是有一定道理的。

两个坦克集团军投入交战后，使白苏联第一方面军的攻击力大大增强。

18日拂晓，白苏联第一方面军终于攻占了泽洛高地，但比预定计划晚了近两天。

拿下泽洛高地，德军后面的防御已对红军的进攻构不成太大的障碍，因为那里的地形平坦开阔，德军无险可守，非常便于坦克大部队进攻。

拔出了眼前的硬钉子，朱可夫终于松了一口气。白苏联第一方面军进攻遇到波折，在其南面展开进攻的乌克兰第一方面军则要顺利得多。

科涅夫的乌克兰第一方面军没有像白苏联第一方面军那样从夜间发起进攻，而是待天亮后才发起全线进攻。这主要是因为乌克兰第一方面军要发起进攻，首先要渡过尼斯河，而夜间在德国的密集炮火下渡河是十分危险的。

据守在尼斯河对岸的是德军格雷泽尔将军指挥的第四坦克集团军。如果在正常情况下，这样的力量还是相当强大的，但此时第四集团军已遭到苏联红军的多次打击已经是残缺不全。

4月16日6时55分，在强大的炮火动摇下，乌克兰第一方面军第一梯队的3个近卫集团军开始强渡尼斯河。出乎科涅夫的意料，这些部队很快就渡过了尼斯河。

登上尼斯河对岸，德军的抵抗也没有预想的那么强烈。第一梯队的3个集团军于当天即突破了德军第一线防御。

17日晨，第一梯队的步兵集团军又突破了德军第二防御地带。科涅夫当即命令近卫第三坦克集团军和近卫第四坦克集团军加入战斗，并肩向德军的第三防御地带施雷河一线猛冲。一时间，枪炮声隆隆，马达声轰鸣，T-34坦克车后扬起一道道尘土，和硝烟交混在一起。弥漫在整个战场上空。

由于德军第四坦克集团军在坦克数量上明显劣于苏联红军，因此它已无力组织大规模的反击，而且这里的地形也不允许这样做。

但格雷泽尔将军还组织起数十辆规模的坦克小分队轮番对红军实施反

击。于是红军的T-34与德军的"黑豹"、"虎"Ⅰ型、"虎"Ⅱ型坦克展开一场混战。森林旁溪流边到处都是燃烧的坦克、垂死的伤兵和死者的尸体。

4月17日黄昏，近卫第三坦克集团军和近卫第四坦克集团军一鼓作气推进至施普雷河岸边。

鉴于乌克兰第一方面军进展顺利，17日晚，斯大林同意了科涅夫的建议：将近卫第三坦克集团军和近卫第四坦克集团军用于向柏林发展进攻。

这样一来，两个坦克集团军的进攻轴线和作战任务都发生了很大变化。根据乌克兰第一方面军原来的计划，两个坦克集团军的进攻轴线是指向柏林西南部、易北河畔的贝尔齐希和德累斯顿，其任务是消灭柏林南部的德军，切断德"维斯瓦"集团军群和中央集团军群的联系，并协助白苏联第二方面军对柏林达成合围。

月光映照着施普雷河河畔，河水在静静地流淌。近卫第三坦克集团军和第四坦克集团军的近千辆坦克全部聚集在施普雷河东岸。

根据科涅夫的命令，两个坦克集团军必须在当夜渡过施普雷河。显然，要等工兵架桥是来不及了。两个坦克集团军只好分头去找徒涉场。

值得庆幸的是，此时正是枯水季节，施普雷河河水并不深。两个坦克集团军很快找到了几个徒涉场。于是，近千辆坦克陆续驶下河去，轰轰隆隆地冲向对岸。

德军的抵抗并不很强烈，两个坦克集团军没费多大周折就于拂晓前登上了施普雷河西岸。稍事整顿后，两个坦克集团军并肩开始向柏林方向猛攻。在以后的几天中，两个坦克集团军的进展也非常顺利，每天都推进几十公里。

4月20日夜，两个坦克集团军把几个步兵集团军远远地抛在后，前出到柏林的外层环形防线的接近地，这里离柏林近在咫尺。

苏美两军
会师易北河畔

　　1945年4月20日是希特勒的生日，要是在过去必定要大大地庆贺一番，而此时的希特勒已经没有这种心情。

　　但希特勒的情妇爱娃·布劳恩还是精心为他设置了一个生日晚会。所有纳粹头目，如空军司令戈林、宣传部长戈培尔、党卫军头子希姆莱等都在座，此外，还有仍然活着的将军们，如邓尼茨、凯特尔和约德尔等。

　　所有在座的人，除希特勒外，都明白眼下的战况对德国来说十分不利，柏林存在的日子已经不多了，但希特勒倒没显得特别沮丧，他对在座的人断言："俄国人在柏林城下要遭到最惨重的失败。"

　　不过，希特勒的这番话已经没有人再相信了，他已失去了往日的权威。

　　晚会刚结束，不少人就开始撤离柏林逃之夭夭，他们是想在柏林还没完全被包围之前求条生路。这些人当中包括希特勒最信任的两个老部下戈林和希姆莱。戈林走时所带的汽车大队，满载着他多年搜刮来的金银财宝。这两个人在逃离柏林时，都相信他们的元首死期将到。

　　希特勒刚从晚会上返回住所就接到报告，德军东线的防御连续被突破，苏联红军正从南、北、东三面向柏林接近。还没有听完，希特勒就暴跳如雷，连骂几声"背叛"，除此之外再也说不出别的词语，他认为东线的失利完全是手下"背叛"造成的。

　　第二天，希特勒仍没死心，他下令给党卫军的菲里克斯·施坦因纳将军，叫他向柏林南郊的苏联红军乌克兰第一方面军的部队发动全面的反攻。柏林地区的所有一兵一卒，包括空军部队全部投入战斗。

"所有按兵不动的司令官，"希特勒向留守柏林指挥空军的科勒尔将军喊道，"都将在5小时内被处决。你自己也必须拿你的脑袋保证最后一个人也要投入战斗。"

发布命令的当天和第二天，希特勒一直在焦急地等待着施坦因纳反攻的消息。然而，他不知道施坦因纳并没有反攻，他压根就没有按希特勒要求的那么做。因为施坦因纳心里明白，凭他手中的四个七拼八凑、残缺不全的师去反击科涅夫的坦克集团军，无疑是以卵击石、飞蛾投火，他不能白白去送死。

希特勒对于这一切还蒙在鼓里。

4月22日，从早晨开始直至下午15时，他都在不停地打电话询问施坦因纳反攻的消息。相反，却得到红军的攻势越来越猛的报告。

从4月20日开始，科涅夫的乌克兰第一方面军和朱可夫的白苏联第一方面军陆续对柏林发起攻击。

当天上午，罗科索夫斯基的白苏联第二方面军在经过60分钟的炮火打击之后，开始强渡奥得河。

在此之前，白苏联第二方面军一直在格丁尼亚地区肃清残余的德军，因此进攻时间比其他两个方面军推迟了几天。由于经过白苏联第一方面军和乌克兰第一方面军前几天的猛烈突击，德军的防御体系已被打乱，因此，白苏联第二方面军的进攻比其他两个方面军要顺利得多。

4月25日，白苏联第一方面军的近卫坦克第二集团军和步兵第四集团军的先头部队与乌克兰第一方面军的近卫坦克第四集团军的先头部队在柏林以西的凯钦地区会师，这就是说苏联红军已完成对柏林的合围，柏林城中的德军已成瓮中之鳖。

同一天，乌克兰第一方面军的近卫第五集团军与美军第一集团军在易北河畔的托尔高附近会师。这样，整个德国就从中央被分割为南北两部分，全世界人民反对德国法西斯的战争进入了尾声。

4月26日，朱可夫的白苏联第一方面军和科涅夫的乌克兰第一方面军的主

要突击集团都转向柏林的中心区。两个方面军用于强攻柏林的兵力达46万多人，各种口径的火炮1.4万余门，坦克和自行火炮1500多辆。两个方面军的4个坦克集团军都投入了强攻柏林的战斗。

和苏联红军的兵力相比，防守柏林城的德军要弱得多。其主力是在东线遭红军重创的德军第九集团军的6个师的残部，除此之外，还有1个党卫军警卫旅、10个炮兵营、1个强击炮兵旅、3个坦克歼击旅、6个反坦克炮兵营、1个高炮师，以及几十个国民突击队营和一些警察部队，加起来不足20万人。

虽然防守柏林市中心的德军兵力不算多，但柏林城天然的防御设施使柏林的抵抗能力不容低估。此时的柏林，座座房屋都变成了坚固的堡垒。临街建筑物的门窗都堵上了，只留下各种武器的射孔。

柏林的大街小巷和交叉路口都处在斜射和侧射火力的控制之下。在这些建筑物中，德军不仅配置了机枪、冲锋枪和长柄反坦克火箭弹，而且还配置了20至50毫米口径的加农炮。为数不多的坦克被分散配置到重要的街区，隐藏在掩体之中。

4月26日，天刚透亮，苏联红军的几百架飞机和上万门大炮就开始对柏林进行疾风骤雨般的轰击。紧接着，朱可夫的白苏联第一方面军和科涅夫的乌克兰第一方面军从四面八方对柏林发起全线总攻。

刹那间，柏林城硝烟弥漫，飞机和坦克的轰鸣声、枪炮声以及红军战士冲锋的喊杀声交织在一起，响彻柏林城上空。

果不其然，柏林城内德军的抵抗格外地强，毫不逊色于泽洛高地。白苏联第一方面军和乌克兰第一方面军的进展都非常缓慢，尤其是坦克部队所面临的任务更加艰巨。

此时，柏林的广场和街道空无一人，德军都躲在建筑物里、房顶和地下室，坦克兵看不到德军，又无法进入建筑物里，成为德军反坦克手的活靶子。残余的德军兵用燃烧瓶、长柄反坦克火箭弹拼命地袭击红军的坦克。

由于街道很狭窄，坦克无法展开冲击，只好排成长长的纵队向前推进，但不久就遇到了麻烦。先头的坦克被长柄火箭弹击中后起火燃烧，后面的坦

克被堵住去路，也动弹不得。

　　显然再采用这种办法进攻，后果不堪设想。当朱可夫得知这一情况后，立即下令坦克大部队化整为零，分散成数个小部队，与步兵、炮兵和工兵一同组成强击群和强击支队，逐个逐个地攻克德军的堡垒。

　　这一招非常奏效，红军坦克的损失大大减少了，进攻速度大大加快了。这个办法迅速在所有攻城部队中推广。

　　红军的强击群与德军逐座房屋逐个街道地争夺，越往市中心，德军的抵抗越顽强，战斗达到白热化程度。

　　4月28日，希特勒总理府地下避弹室里，希特勒脸色铁青，神情呆滞地坐在椅子上。

苏军将苏联国旗插上德国国会大厦（油画）

苏联红军的先头部队离这里只有几条街了，他们从东面、北面以及西面，通过毗邻的柏林动物园正逐步向总理府推进。希特勒已隐约地听到了坦克发出的轰鸣声。

直至这时，希特勒才终于明白他所指望的"奇迹"不会再出现了，他的大日耳曼帝国将不复存在了，他开始绝望，但他仍故作镇静地对身边的人说：

　　我决心留在柏林，但我将不亲自参加战斗，因为那样很可能会出现一种危险，就是我也许只是负点伤，因而被俄国人生擒。我不愿意给敌人以任何机会来将我碎尸万段。我已命令将我的尸体火化……

4月29日凌晨，希特勒与他的情妇爱娃·布劳恩在地下避弹室的一间小会议室中举行了一个简单、凄惨的婚礼。婚礼还没结束，希特勒就把一个女秘书叫到隔壁的房间，开始口述他的遗嘱。

在遗嘱中，他指定邓尼茨海军元帅为德国总统和武装部队最高统帅，戈培尔为政府总理，此外，希特勒还指定了新政府的组成人选。

4月30日，希特勒的生命到了尽头。总理府外的枪炮声一阵紧似一阵，他不能再拖延下去了。

用过午饭后，希特勒和爱娃·布劳恩回到寝室，希特勒饮弹自毙爱娃·布劳恩服毒身亡，恶贯满盈的希特勒结束了罪恶的一生。

元首虽死，但德军并没有立即投降，他们仍在顽强地抵抗。

5月2日凌晨，白苏联第一方面军的一个师收到了德军第五十六坦克军发来的一份俄语电报，要求停火并在波茨坦车站迎接苏方的谈判代表。

当日天亮之后，柏林守备司令魏丁格将军向白苏联方面军投降，并发出电文命令残余的德军立即停止抵抗。到了下午，柏林城里的枪炮声渐渐平息了下来，德国人终于停止抵抗了。

经过16个日日夜夜的浴血奋战，苏联红军终于在这场空前规模的反法西斯战争中赢得了决定性的胜利。防守柏林的德国百万大军在苏联红军强大的攻势面前全军覆没。苏联红军共俘虏德军官兵48万人，缴获1500多辆坦克和自行火炮、4500多架飞机和1万多门大炮。

1945年5月8日午夜，在欧洲上空连绵响彻了6年的枪炮声停止了。

自1939年9月1日以来，欧洲大陆第一次出现了和平的景象。胜利的礼炮，五光十色的烟火映红了柏林城，照亮了整个欧洲大地。

为了攻克柏林，苏联红军也付出了很大代价，损失30.4万人，坦克2156辆，火炮1220门，飞机527架。但红军战士的鲜血没有白流，他们用自己的血肉之躯赢得了胜利，苏军攻占了法西斯德国首都并给德军以歼灭性打击，也为世界赢得了和平。

正如英国首相丘吉尔和蒙哥马利元帅预料的那样，攻克柏林不仅在军事上，而且在政治上都具有极其重要的意义。当柏林被攻克的消息传出后，全世界人民都为之振奋，而德军的战斗士气则迅速土崩瓦解。

在柏林被攻克5天之后，德国宣布无条件投降。

图书在版编目（CIP）数据

　　保卫之战：第二次世界大战欧洲战事 / 胡元斌主编
. ——北京：台海出版社，2013.8（2021.5重印）
　　（第二次世界大战纵横录）
　　ISBN 978-7-5168-0240-3

　　Ⅰ.①保… Ⅱ.①胡… Ⅲ.①第二次世界大战—史料
—欧洲 Ⅳ.①K152

中国版本图书馆CIP数据核字(2013)第188579号

保卫之战：第二次世界大战欧洲战事　　　第二次世界大战纵横录

主　编：胡元斌　严　锴

责任编辑：马思捷　　　　　　　　　装帧设计：大华文苑
版式设计：大华文苑　　　　　　　　责任印制：严欣欣　吴海兵

出版发行：台海出版社
地　　址：北京市东城区景山东街20号　　邮政编码：100009
电　　话：010—64041652（发行，邮购）
传　　真：010—84045799（总编室）
网　　址：www.taimeng.org.cn/thcbs/default.htm
E-mail：thcbs@126.com

经　　销：全国各地新华书店
印　　刷：北京九天鸿程印刷有限责任公司
本书如有破损、缺页、装订错误，请与本社联系调换

开　　本：710×1000　　　　1/16
字　　数：210千字　　　　　　　　　印　张：13
版　　次：2014年1月第1版　　　　　印　次：2021年5月第4次印刷
书　　号：ISBN 978-7-5168-0240-3

定　　价：48.00元